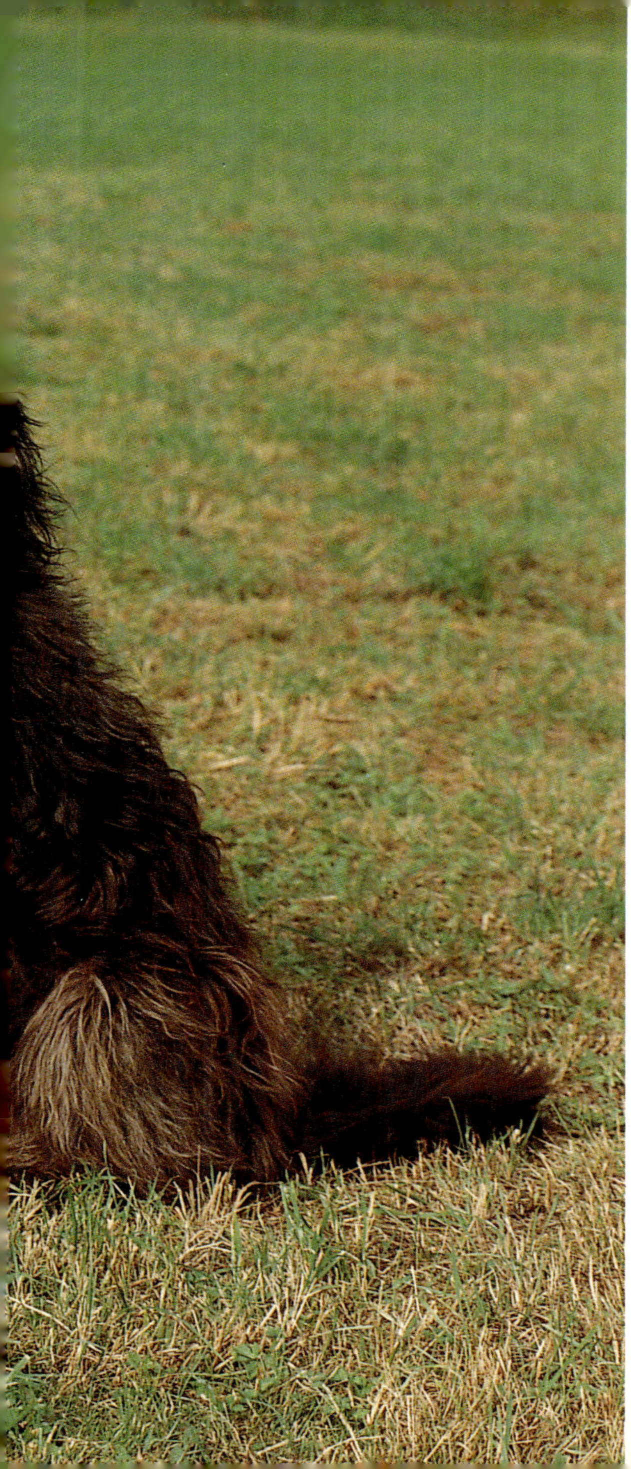

Katharina Schlegl-Kofler

Hunde-Erziehung

mit Herz und Verstand

Grundkurs für die artgerechte Erziehung vom Welpen bis zum erwachsenen Hund

Farbfotos:
Christine Steimer

Zeichnungen:
Renate Holzner

GU GRÄFE UND UNZER

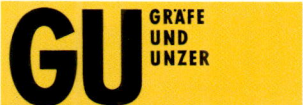

Inhalt

*Vorhergehende Doppelseite:
Das Pföteln ist eine Unterwerfungs- oder Beschwichtigungsgeste
(→ Seite 15).*

*Zeichnung:
Mit dieser Haltung, der Vorderkörpertiefstellung, fordert der Hund zum Spiel auf.*

Warum Hunde-Erziehung wichtig ist 4
Der Hund früher und heute 4
Welcher Hund ist für Sie der richtige? 4
Wie Sie den richtigen Züchter finden 6
Worauf Sie bei der Welpenauswahl achten sollten 6
Erziehung vom ersten Tag an 7
Was der Welpe lernen muß 8
Einfache Kommandos 9
Sanft und erfolgreich erziehen 10

Hunde verstehen lernen 11
Woher der Hund stammt 11
Wie Wölfe leben 11
Die Kinderstube der Wölfe 12
Wie der Hund zum Haustier wurde 12
Hund bleibt Hund 12
Erziehung gibt Sicherheit 13
PRAXIS Hundesprache 14
Die Sprache des Hundes 17
Wie Hunde lernen 18
Die häufigsten Mißverständnisse zwischen Hund und Mensch 19

Die Entwicklungsphasen des Welpen 20
Wichtige Entwicklungsphasen 20
Die ersten acht Lebenswochen 20
Achte bis zwölfte Lebenswoche 20
Zwölfte bis zwanzigste Lebenswoche 22
Ab dem sechsten Lebensmonat 24
Das Erwachsenwerden 25
PRAXIS Eingewöhnen 26

Grundkurs für den Erzieher 28
Konsequent sein! 28
Nur eine Person erzieht! 28
Ihre Stimme ist entscheidend! 28
Lob und Tadel! 28
Klare Kommandos geben! 30
Üben braucht Zeit! 30
Die richtige Ausrüstung 31

Hunde-Erziehung in der Praxis 32
Übungen richtig trainieren 32
Den Hund »mehrsprachig« erziehen 32

Vorwort

Das Welpentraining 34
Der Welpe lernt seinen Namen 34
Die Stubenreinheit 34
Halsband und Leine anlegen 34
Die Leinenführigkeit 35
Das Sitzen 35
Das Hereinkommen 37
Das Ablegen 38
Das Alleinebleiben 39
Das Autofahren 40
Spezialausbildungen 40
Gutes Benehmen will gelernt sein 41
Die Sache mit den Hundehäufchen 42

Das Begleithundetraining 43
Grundstellung 43
Das Sitzen 43
Die Leinenführigkeit und
die Freifolge 45
Das Ablegen 47
Ablegen außer Sicht 48
Das Hereinkommen 49
Abstoppen auf Entfernung 50
Der Hund als Freizeitpartner 51
Begegnung mit Artgenossen 53
Trainingsplan (Tabelle) 54

**Hunderassen und ihre
Besonderheiten 56**
Die Gebrauchshunde 56
Die Jagdhunde 56
Die Windhunde 57
Die Terrier 58
Die Gesellschaftshunde 58
Hunde und Kinder 58

Register 60

Adressen und Literatur 62

Wichtige Hinweise 63

Erziehung ist für die optimale Entwicklung eines Hundes überaus wichtig. Sie gibt ihm Sicherheit und garantiert mehr Freiheit.
Die moderne Hunde-Erziehung nutzt die natürlichen Verhaltensweisen eines Hundes. Er lernt spielerisch und ist mit Freude beim Training. Diese »sanfte« Erziehung läßt dem Hund seine »Persönlichkeit«, macht aber dennoch einen gehorsamen Begleiter aus ihm.
Katharina Schlegl-Kofler hat im PRAXIS-Teil dieses neuen GU Tier-Ratgebers ein Trainingsprogramm für den Welpen und den erwachsenen Hund zusammengestellt.
Die einzelnen Übungen werden Schritt für Schritt erklärt und sind auch für den Anfänger in der Hunde-Erziehung leicht nachvollziehbar.
Ein abwechslungsreicher Trainingsplan schließt den Übungsteil des Ratgebers ab. Die Autorin zeigt auch auf, welchen Einfluß das Erbe des Wolfes auf den Hund hat und was der Hundehalter daraus ableiten kann. In den einzelnen Entwicklungsphasen erfährt der Welpe Prägungen, die sein gesamtes späteres Leben bestimmen. Worauf Sie in diesen Phasen achten sollten, sagt Ihnen dieser Ratgeber.
Im Grundkurs für den Erzieher hat die Autorin wichtige Erziehungsregeln zusammengestellt. Brillante Farbfotos und informative Zeichnungen veranschaulichen den Text.
Viel Spaß bei der erfolgreichen Erziehung Ihres Hundes wünschen Ihnen die Autorin und die GU Naturbuch-Redaktion.

Bitte beachten Sie die »Wichtigen Hinweise« auf Seite 63.

Warum Hunde-Erziehung wichtig ist

Die Anschaffung eines Hundes sollte sehr genau überlegt werden. Anders als bei anderen Heimtieren hat die artgerechte Erziehung beim Hund einen ganz besonderen Stellenwert. Sie erfordert vom Hundehalter viel Zeit, Geduld und Konsequenz.

Der Hund früher und heute
Schon seit etwa 10 Jahrtausenden schätzt der Mensch den Hund als Begleiter.
Früher diente er ihm in erster Linie als Jagdhelfer, Hüter der Viehherde und als Wächter von Haus und Hof. Im Laufe der Jahrhunderte änderte sich sein Stellenwert mehr und mehr.
Heute sehen die meisten Hundebesitzer in ihrem Tier vor allem einen Freizeitpartner und liebenswerten Hausgenossen.
Egal ob teurer Rassehund oder Mischling, der Hund ist mittlerweile zum beliebtesten Heimtier avanciert. Das ist wohl deshalb so, weil kein anderes Heimtier zu einer solch engen Bindung an den Menschen fähig ist.
Jedoch sollte jeder Hund, ob groß oder klein, artgerecht und den Bedürfnissen seiner Rasse entsprechend gehalten und erzogen werden. Nur dann kann sich ein wirklich harmonisches Zusammenleben zwischen Hund und Besitzer entwickeln.
Besonders in der heutigen Zeit leben viele Menschen und relativ viele Hunde in dichtbesiedelten Lebensräumen. Damit Ihr Vierbeiner niemanden belästigt und weder sich noch andere in Gefahr bringt, muß er bestimmte Dinge lernen. Dadurch findet er sich besser in unserer »zivilisierten Welt« zurecht.
Die intensive Beschäftigung mit dem Hund fördert außerdem die Bindung zwischen Herr beziehungsweise Frau und Hund intensiv und bewirkt, daß der Vierbeiner geistig »in Form« bleibt. Allerdings ist artgerechte Hundehaltung zeitaufwendig und nicht zu vergleichen mit etwa der Haltung eines Meerschweinchens. Darüber sollte sich jeder zukünftige Hundehalter im klaren sein.

Welcher Hund ist für Sie der richtige?
Sie möchten sich einen Hund anschaffen. Soll es ein Rassehund sein, haben Sie die Qual der Wahl unter fast 400 verschiedenen Hunderassen. Welche Rasse paßt nun am besten zu Ihnen? Bedenken Sie vor dem Kauf folgendes:
• Für ein harmonisches Zusammenleben ist es wichtig, daß Hund und Besitzer zusammenpassen. Hält zum Beispiel jemand, der eher unsportlich und »bewegungsfaul« ist, einen Setter oder Dalmatiner, oder bekommt Großmutter einen Dobermann, sind dies sehr ungünstige Kombinationen. Auch sollte man wissen, daß nicht alle Kleinhunderassen als Schoßhunde geeignet sind, selbst wenn sie noch so niedlich aussehen (→ Seite 58).
• Stellen Sie sich die Eigenschaften zusammen, die das neue vierbeinige Familienmitglied mitbringen sollte. Soll der Hund Begleiter bei Rad- und Bergtouren sein? Soll er in erster Linie Familienhund oder Wachhund sein? Sind Kleinkinder in der Familie (→ Seite 59)? Dies sind nur einige Punkte als Beispiel.
• Entscheiden Sie sich für eine Rasse nicht nur, weil sie Ihnen vom Aussehen her gut gefällt oder womöglich deshalb, weil sie gerade »in« ist! Moderassen und solche, die lange nur auf Schönheit gezüchtet wurden, zeigen häufig in Wesen und Gesundheit Degenerationserscheinungen.

Der gut erzogene Hund kann auch unangeleint vor dem Laden warten.

Alles im neuen Heim wird genau erforscht. Doch das Kauen am Teppich sollten Sie Ihrem Welpen von Anfang an verbieten.

Wie Sie den richtigen Züchter finden

Ist Ihre Entscheidung für eine bestimmte Rasse gefallen, gehen Sie in Ruhe auf die Suche nach einem geeigneten Züchter.

Wenden Sie sich am besten an den »Verband für das Deutsche Hundewesen« (VDH, → Adressen, die weiterhelfen, Seite 62). Hier bekommt man die Adressen von seriösen Rassehundevereinen im In- und Ausland, die dem VDH oder entsprechenden ausländischen Verbänden angeschlossen sind. Der Dachverband dieser Verbände ist die »Fédération Cynologique Internationale« (FCI). Nur Hunde aus diesen Rassehundverbänden (VDH und FCI) sind international anerkannt und haben einen entsprechenden Vermerk in ihrer Ahnentafel.

Da der VDH für seine Vereine strenge Rahmenbedingungen zum Beispiel auch für die Zucht erläßt, hat man hier die größte Gewähr, einen gesunden, rassetypischen Vertreter zu bekommen.

Hinweis: Wer später mit seinem Rassehund an rassespezifischen Ausbildungskursen und Prüfungen oder Ausstellungen teilnehmen möchte, dessen Hund wird in der Regel nur zugelassen, wenn er aus einer FCI-Zucht stammt.

Mein Tip: Eine gute Gelegenheit, sich über Hunderassen zu informieren, bietet der Besuch einer internationalen Hundeausstellung. Wann und wo Ausstellungen stattfinden, kann man beim VDH erfragen.

Worauf Sie bei der Welpenauswahl achten sollten

Die engste Bindung und der größte Erfolg bei Erziehung und Ausbildung entstehen dann, wenn der Hund als Welpe zu seinem neuen Besitzer kommt. Die ersten acht bis zwölf Wochen verbringt der Welpe beim Züchter. Diese Zeit im Leben eines Welpen ist von ganz elementarer Bedeutung. Sie wirkt sich auf sein gesamtes späteres Leben und das Zusammenleben mit seinem »Menschenrudel« aus. Deshalb sollte man beim Welpenkauf auf bestimmte Dinge achten:

1. Kaufen Sie nur bei seriösen Züchtern und nicht bei Hundehändlern, die nur Welpen und keine Zuchthunde haben.
2. Achten Sie darauf, daß der Züchter nicht mehr als ein oder zwei Rassen züchtet und nicht eine Vielzahl verschiedener Rassen anbietet.
3. Wichtig ist, daß Sie die Mutterhündin sehen können. Kaufen Sie keinen Welpen, wenn dies nicht der Fall ist.
4. Ein guter Züchter besitzt nicht zu viele Hunde und zieht nur ein oder höchstens zwei Würfe gleichzeitig auf.
5. Die Welpen sollten schon beim Züchter viel Kontakt zu Menschen haben und nicht irgendwo abseits in einer Scheune oder im Keller dahinvegetieren. Vorsicht ist geboten, wenn sich die Hündin oder die Welpen beim Anblick von Menschen ängstlich verkriechen.
6. Gesunde Welpen sind fröhlich und interessiert. Das gleiche gilt für die Hündin.

Hinweis: Kaufen Sie niemals bei gewissenlosen Hundehändlern. Selbst ein Welpenkauf aus Mitleid unterstützt solche Leute nur und schadet ihnen nicht.

Es muß nicht immer ein Rassehund sein

Wer meint, daß ein Mischling sein Traumhund ist, findet meist in Tageszeitungen unter der Rubrik »Tiermarkt« oder »Zu verschenken« entsprechende Inserate. Achten Sie auch hier bei der Anschaffung auf die bereits oben erwähnten Punkte.

Bei Mischlingen ist es günstig, wenn wenigstens von einem Elternteil bekannt ist, welche Rasse oder Rassen »mitgemischt« haben, damit Größe und Eigenschaften in etwa abzuschätzen sind.

Ein Hund aus dem Tierheim: So mancher zukünftige Hundebesitzer sieht sich im Tierheim nach einem vierbeinigen Freund um. Erwachsene Hunde sind jedoch meist nicht für Ersthundebesitzer oder Familien mit kleinen Kindern geeignet, vor allem dann nicht, wenn sie schon längere Zeit im Tierheim verbracht haben. Oft ist auch über ihr bisheriges Leben zu wenig oder nichts Genaues bekannt. Hier ist nicht abzuschätzen, welche Erfahrungen solche Hunde in ihrer Jugend gemacht haben. Besonders wenn sie herrenlos aufgewachsen sind, besteht die Gefahr, daß ihnen die Menschenbezogenheit fehlt. Das kann zu Schwierigkeiten im Zusammenleben führen.

Erziehung vom ersten Tag an

Eines Tages ist es dann soweit und das vierbeinige Familienmitglied hält Einzug in seinem neuen Heim (→ PRAXIS-Seite 26/27).

Alle sind begeistert von dem kleinen, süßen Wollknäuel, das tolpatschig sein neues Zuhause erkundet. Über die Erziehung machen sich die meisten Hundebesitzer zu diesem Zeitpunkt noch nicht viele Gedanken.

Auch »spukt« in vielen Köpfen die völlig veraltete Meinung, ein Hund brauche in den ersten 12 Monaten seines Lebens keinerlei Erziehung.

Richtig dagegen ist, daß Sie sozusagen vom ersten Tag an mit der Erziehung Ihres Welpen beginnen müssen. Jeder noch so kleine und noch so süße Welpe ist ein »richtiger Hund« und befindet sich gerade jetzt in einer Entwicklungsphase, die sein späteres Verhalten prägt.

Hochspringen und Betteln sind Unarten, die Sie Ihrem Hund nicht gestatten sollten.

Sein rundliches Erscheinungsbild, das sogenannte »Kindchenschema«, löst besonders bei weiblichen Hundebesitzern gewissermaßen den Brutpflegetrieb aus, der dazu verleitet, das putzige Hundekind von früh bis spät zu knuddeln und zu verhätscheln. Innerhalb weniger Monate wird jedoch, je nach Rasse, aus dem Wollknäuel ein stattlicher Vierbeiner. Verhaltensweisen, mit denen der Welpe seiner Familie noch manches Schmunzeln bereitete, finden jetzt keinen Anklang mehr. Im Gegenteil, sie können sich als sehr lästig und unangenehm entpuppen.

Was der Welpe lernen muß
Ziel aller Erziehungsmaßnahmen ist es, aus Ihrem Hund einen angenehmen, gehorsamen Begleiter zu machen. Für den Hund bedeutet dies auch »Freiheit«, denn einen gut erzogenen Hund können Sie problemlos überall mit hinnehmen.
<u>Erstes Lernziel:</u> Das erste, was Sie Ihrem Welpen beibringen müssen, ist die Stubenreinheit und, daß er auf seinen Namen hört.

Mein Tip: Wenn Sie den Namen bereits mit dem Züchter vereinbaren, kann er den Welpen bereits daran gewöhnen. Das erleichtert dem Kleinen seine Eingewöhnung im neuen Heim.
<u>Zweites Lernziel:</u> Der Welpe muß lernen, wie er sich innerhalb des »Rudels«, in diesem Fall seinem Menschenrudel, verhalten soll. Dazu gehört, daß er weiß, womit er spielen darf und was für ihn tabu ist. Beim Spiel mit den »Rudelmitgliedern« muß er begreifen, daß er nicht in die Kleidung oder in Körperteile beißen darf. Am Tisch soll er nicht betteln und sich auch nicht selbst bedienen.
Auch das Anspringen muß man ihm rechtzeitig abgewöhnen. Nicht immer ist der Hund sauber und trägt man die ältesten Jeans. Ausgewachsen kann der Hund später – je nach Rasse – manchmal einen Erwachsenen, sicher aber ein Kind leicht umwerfen. Viele Hunde springen auch an Autos hoch, was oft erhebliche Kratzer im Lack zur Folge hat.
<u>Drittes Lernziel:</u> Weiter muß schon der Welpe es lernen zu akzeptieren, daß er weder Spielsachen noch seine Futterschüssel, auch wenn sie voll ist, Menschen gegenüber verteidigen darf. Er muß sich jederzeit alles, auch den leckersten Kalbsknochen, wegnehmen lassen. Tut er das nicht, bedeutet dies, daß er sich als der Ranghöhere »im Rudel« sieht. Das Wegnehmenlassen hat aber auch noch einen anderen praktischen Nutzen. Hat der Hund einmal etwas Gefährliches im Fang, zum Beispiel einen vergifteten Köder, können Sie ihm den Köder ohne Probleme abnehmen.
<u>Hinweis:</u> Im Kapitel »Hunde-Erziehung in der Praxis« finden Sie beim »Welpentraining« Schritt-für-Schritt-Anleitungen, wie diese Lernziele zu erreichen sind.

Auch richtiges Verhalten im Auto will gelernt sein.

Geduldig wartet der abgelegte Hund bei seinem Herrn.

Einfache Kommandos

Nun ein Überblick über die ersten Kommandos, die Ihr vierbeiniger Freund lernen muß:

»Sitz«: Die einfachste Übung ist das Sitzen. Wie alle Übungen, hat auch das »Sitz« einen praktischen Sinn.
Der Hund lernt, sich automatisch zu setzen, wenn er frei oder angeleint an Ihrer Seite läuft und Sie anhalten. Im Auto bleibt er so lange sitzen, bis er aussteigen darf. Dies dient seiner eigenen Sicherheit. Auch kann man ihm beibringen, sich automatisch an jeder Bordsteinkante zu setzen.

»Bei Fuß«: Eine weitere Übung ist die Leinenführigkeit. Dabei lernt der Hund, »bei Fuß« an Ihrer linken Seite zu bleiben und nicht an der Leine zu zerren. Später soll das auch ohne Leine, also in der »Freifolge« funktionieren. Leinenführigkeit und das Freifolgen sind sehr nützlich, wenn man mit dem Hund zum Beispiel in der Stadt unterwegs ist.

»Platz«: Ein ganz wichtiges Kommando ist das »Platz«. Damit kann er an jeder beliebigen Stelle abgelegt werden, etwa vor einem Geschäft oder in einem Restaurant. Unser Vierbeiner sollte auch lernen, dieses Kommando zu befolgen, wenn er etwas weiter von uns entfernt ist. Läuft er zum Beispiel auf eine Straße zu, weil er etwas gesehen oder gewittert hat, kann er so noch rechtzeitig gebremst werden. Je nach Reiz, der in einer solchen Situation auf den Hund einwirkt, ist es erfolgversprechender, ihn zu stoppen, als ihn zum Umkehren zu bewegen.

»Kommen auf Zuruf«: Was der Hund selbstverständlich auch lernen muß, ist auf Zuruf sofort zu kommen. Damit dies auch beim erwachsenen Hund zuverlässig in jeder Situation funktioniert,

Der Welpe leckt das Gesicht ranghöherer Rudelmitglieder, in diesem Fall »seines Menschen«, zur Begrüßung und Beschwichtigung.

ist es ganz wichtig, daß mit dieser Übung bereits im Welpenalter begonnen wird.

<u>Hinweis:</u> Wer seinem Hund mehr Abwechslung beim Üben bieten möchte, kann ihm beibringen, die oben beschriebenen Kommandos nicht nur mit der Stimme, sondern auch auf Handzeichen oder Pfeifsignal auszuführen (→ Seite 32).

Sanft und erfolgreich erziehen

Richtige Hunde-Erziehung hat nichts mit kasernenhofmäßigem Drill zu tun, wie man es mancherorts auf Hundeübungsplätzen sehen kann. Unser Ziel ist es, mit dem Hund ein partnerschaftliches Team zu bilden, in dem der Hund seinem »Rudelführer« freudig und bereitwillig gehorcht.

<u>Eine solide Grundausbildung</u> ermöglicht dem Hund mehr Freiheiten, denn so kann er, wo immer es möglich ist, mitgenommen werden und frei laufen.

Ein gut erzogener und optimal an seine Umwelt gewöhnter Hund wird kaum irgendwo negativ auffallen, sei es im Restaurant oder im Stadtbus. Auch bei Spaziergängen in freier Natur wird er immer darauf achten, in Kontakt mit seiner Familie zu bleiben.

Obwohl es in diesem Ratgeber »nur« um die Grunderziehung geht, sollte man sie sehr ernsthaft betreiben. Oft habe ich in meinen Kursen gehört, daß das Ziel vieler Hundebesitzer ein Hund ist, der »ein bißchen folgt und kommt, wenn man ihn ruft«. Wer dieses Kapitel bis hierher gelesen hat, wird verstehen, daß dies keine erfolgversprechende Ausgangsbasis ist. Denn so wird der Hund in Situationen, in denen es wirklich wichtig wäre, nicht gehorchen. Nicht zu vergessen ist auch, daß die Grund- oder Begleithundeausbildung (→ Seite 43) die Grundlage aller weiteren Ausbildungsmöglichkeiten darstellt. Besonders bei weiteren Ausbildungen, bei denen der Hund überwiegend frei arbeiten soll, etwa als Jagd- oder Rettungshund, oder beim Agilitytraining, ist ein sehr guter Gehorsam eine wichtige Voraussetzung.

Mein Tip: Wenn Sie Ihren Rassehund weiterführend ausbilden möchten, schließen Sie sich einem Rassehundeverein an.

Auch mit Mischlingen kann man sich bestimmten Vereinen anschließen, die besondere, sehr empfehlenswerte Aktivitäten wie zum Beispiel Agility und andere Geschicklichkeitssportarten anbieten (→ Seite 40). Adressen bekommt man direkt vom VDH (→ Adressen, Seite 62).

Hunde verstehen lernen

Um Hunde richtig zu verstehen und die richtige Einstellung ihnen gegenüber zu bekommen, ist es hilfreich, einen Ausflug in ihre Entwicklungsgeschichte zu unternehmen.

Woher der Hund stammt
Durch verschiedene Forschungsergebnisse namhafter Verhaltensforscher gilt heute als erwiesen, daß der alleinige Stammvater des Hundes der Wolf (*Canis lupus*) ist. Andere Hundeartige (*Caniden*) wie Goldschakal (*Canis aureus*) und Kojote (*Canis latrans*) waren nicht an seiner Entstehung beteiligt. Dafür spricht zum Beispiel die Ähnlichkeit der Gehirne von Wolf und Hund im Vergleich. Auch bei der Mimik, dem Gesichtsausdruck, gibt es zwischen Wolf und Hund viele Übereinstimmungen, wenngleich die des Wolfes viel differenzierter ist. Außerdem paaren sich in Freiheit nur Wolf und Hund miteinander, nicht aber Hund und Goldschakal beziehungsweise Hund und Kojote.

Wie Wölfe leben
Um den Hund zu verstehen, ist es sinnvoll, einen Blick auf die Lebensweise seiner wilden Ahnen, der Wölfe, zu werfen.
Das Leben im Rudel: Wölfe leben in Rudelverbänden. Je nach Lebensraum und Nahrungsangebot umfassen diese Rudel nur wenige Tiere, können aber auch zehn und mehr Mitglieder haben. Innerhalb eines Rudels herrschen zwei Rangordnungen, die der weiblichen und die der männlichen Tiere. An der Spitze steht jeweils ein älterer Wolf und eine ältere Wölfin. Das sind die sogenannten Alpha-Tiere. Meist paaren sich in einem Rudel nur diese beiden Leitwölfe und sorgen für Nachkommen.
Das Verhalten untereinander: Wölfe zeigen ein sehr differenziertes Sozialverhalten, das sehr wichtig für den Rudelzusammenhalt ist.
Die Verständigung untereinander: Wölfe verständigen sich durch verschiedene Arten der Kommunikation, zum Beispiel durch geruchliche Informationen, optische Signale und durch Laute. Zu der geruchlichen Information gehört beispielsweise das Markieren des Reviers mit Harn (Beinheben), das jedoch im Wolfsrudel nur den ranghohen Wölfen vorbehalten ist. So weiß etwa ein fremdes Rudel, daß dieses Revier bereits besetzt ist.

Der Wolf, Stammvater aller Hunde, lebt in Rudeln und zeigt ein ausgeprägtes Sozialverhalten.

Trotzdem der Hund bereits seit Jahrtausenden Begleiter des Menschen ist, sollte man nicht vergessen, daß er vom Wolf abstammt. Der Hund trägt noch immer Wolfserbe in sich.

Durch ihre differenzierte Mimik und verschiedene Körperhaltungen können Wölfe ebenfalls miteinander »sprechen«. Sie entwickeln zum Beispiel bei der Jagd auf Beute regelrechte Jagdstrategien und verständigen sich dabei durch feinste Nuancen in Mimik und Körperhaltung.
Außerdem verständigen sich Wölfe akustisch. Sie verfügen über etwa sechs verschiedene Grundlaute, die jedoch sehr vielschichtig abgewandelt werden können.
Es kommt auch zu aggressiven Auseinandersetzungen, und zwar wenn um eine Rangposition gekämpft wird oder wenn es gilt, das Territorium gegen ein fremdes Rudel zu verteidigen.

Die Kinderstube der Wölfe
Zum Schluß noch einen Blick in die Kinderstube der Wölfe.
Die Welpen kommen in einer Höhle zur Welt. Die ersten zehn Wochen, die sie größtenteils im Bau verbringen, werden sie gesäugt.
Um das Futter für die Mutter und später auch für die Kinder kümmert sich in den ersten Tagen der Vater. Dann übernehmen auch andere Rudelmitglieder diese Aufgabe.
Sind die Welpen ungefähr ein Vierteljahr alt, beginnen sie, kleine Ausflüge in die Umgebung zu unternehmen. Dabei werden sie immer von einem erfahrenen Aufpasser begleitet. Sie lernen bereits im Welpenalter, sich in das Rudel einzufügen, sowie Regeln und ranghöhere Tiere zu respektieren.
Im Gegensatz zum Hund lassen sich Wölfe vom Menschen nur bedingt zähmen. Nur wenn ein Wolfswelpe schon sehr bald nach seiner Geburt engen Kontakt mit Menschen hat, gelingt dies. Eine Bindung an den Menschen ähnlich der eines Hundes entsteht jedoch nicht. Der Wolf bleibt ein Wildtier, das eine angeborene Scheu vor dem Menschen hat. Diese Scheu zeigen Hunde nur, wenn sie verwildert und ohne menschlichen Kontakt aufwachsen, also nicht auf den Menschen geprägt wurden.
<u>Hinweis:</u> Zu Unrecht hat der Wolf auch heute noch bei den meisten Menschen ein sehr schlechtes Image.
Im Gegensatz zum »scharfgemachten« Hund greifen Wölfe Menschen nur an, wenn sie in die Enge getrieben werden. Generell sind sie Unbekanntem gegenüber sehr vorsichtig und fliehen lieber.

Wie der Hund zum Haustier wurde
Kehren wir nun zum »Wolf in unserem Wohnzimmer«, dem Hund, zurück. Durch jahrtausendelange Domestikation (Haustierwerdung) wurde der Hund zum Haustier.
Die Haustierwerdung verläuft also in einem langen Prozeß. Dabei werden Tiere einer Art isoliert und getrennt von ihren wildlebenden Verwandten in menschlicher Obhut gehalten und weitergezüchtet. »In Gefangenschaft« fällt die natürliche Auslese (zum Beispiel werden in der Natur von Geburt her schwache Tiere oft frühzeitig Opfer stärkerer Raubtiere) weg und an ihre Stelle tritt eine künstliche Auslese. Diese wird ausschließlich durch die Vorstellungen des Menschen bestimmt. So entstanden viele verschiedene Merkmale, die der Mensch, je nach Rasse, besonders förderte.
Auf diese Weise entwickelte sich unser Haushund. Er trägt zwar noch immer Wolfserbe in sich, ist aber doch sehr auf ein Leben mit dem Menschen ausgerichtet und angewiesen. Der daraus resultierenden Verantwortung sollte sich jeder Hundehalter bewußt sein.

Durch ausgiebige Geruchskontrolle versuchen diese drei, sich näher kennenzulernen.

Hund bleibt Hund

Obwohl der Hund nun schon so lange mit dem Menschen zusammenlebt, muß er als das gesehen werden, was er ist, nämlich ein Tier und kein Mensch. Wer seinen Hund vermenschlicht, ihn zum Beispiel als Kind- oder Partnerersatz sieht, wird der Art des Hundes nicht gerecht. Die eigentlichen Bedürfnisse des Hundes kommen zu kurz und dies kann zu Verhaltensstörungen bei ihm führen.

Erziehung gibt Sicherheit

Der Hund ist ebenso wie sein Vorfahre, der Wolf, ein soziales Wesen und auf ein Leben in einem sozialen Verband ausgerichtet. Ein einzelner Wolf kann, vor allem, wenn ihm nur große Beutetiere zur Verfügung stehen, kaum alleine überleben. Er ist auf sein Rudel angewiesen. Dies ist auch im Instinkt unserer Hunde noch verankert.

Für den Hund ist der Mensch »sein Rudel« und dieser Umstand macht eine solch enge Bindung zum Menschen überhaupt möglich.
Auch die strenge Rangordnung, die in einem Wolfsrudel herrscht, liegt dem Hund noch im Blut. Er will wissen, welche Stellung er innerhalb seines Rudels, in diesem Fall seiner Menschenfamilie, hat. Er braucht gewissermaßen eine »rote Linie«, an der er sich verhaltensmäßig orientieren kann. Das vermittelt dem Hund die Sicherheit, die er für eine gesunde Entwicklung braucht.
Ein unter Berücksichtigung dieser Faktoren gehaltener Hund wird eine enge Bindung zu seinem »Rudel« entwickeln und sich freudig unterordnen.

PRAXIS
Hundesprache

Hunde teilen ihre Stimmungen zum großen Teil durch die Körpersprache mit. Dabei werden verschiedene Einzelsignale wie zum Beispiel die Stellung der Ohren, die Haltung der Rute und die Körperhaltung kombiniert und ergeben so den jeweiligen Gesamteindruck. Wer seinen Hund aufmerksam beobachtet, wird in kurzer Zeit wissen, in welcher Stimmung er sich befindet.

1| »Ich möchte spielen« zeigt das Spielgesicht des Hundes.

Spielverhalten
Zeichnung 1
Der Hund fordert meist durch die »Vorderkörpertiefstellung« zum Spiel auf (→ Zeichnung, Seite 2). Oft bellt er dabei. Seine Spielstimmung ist auch an einem typischen Spielgesicht erkennbar. Dabei ist seine Schnauze etwas geöffnet und häufig wird die Oberlippe leicht hochgezogen. Die Ohren werden immer wieder zurückgelegt, wobei er den Partner nicht direkt anschaut. An diese Aufforderungen können sich nun verschiedene Spiele, zum Beispiel Renn- und Ziehspiele, anschließen (→ Zeichnung, Seite 42).

Drohverhalten
Zeichnung 2
Beim Drohverhalten unterscheidet man zwischen Angriffs- und Abwehrdrohen. Das Drohen richtet sich immer gegen einen bestimmten Gegner (Mensch oder Tier).
Beim Angriffsdrohen zeigt der Hund außer den Elementen des Imponierens wie Haarsträuben und steifbeiniger Gang eine charakteristische Mimik. Dabei werden die Zähne gebleckt, die Ohren nach hinten gezogen (→ Zeichnung 2). Der Schwanz zeigt so weit wie möglich nach oben. Im Gegensatz zum Wolf enthält das Angriffsdrohen beim Hund häufig Bisse. Dadurch wird der eigentliche Sinn des Drohverhaltens, nämlich den Gegner ohne Kampf zur Aufgabe zu bewegen, hinfällig.
Beim Abwehrdrohen macht der Unterlegene deutlich, daß er zwar zum Rückzug bereit, aber noch in Angriffsbereitschaft ist. Die Ohren werden dabei eng an den Hinterkopf gelegt und die Mundwinkel bei gebleckten Zähnen weit nach hinten gezogen. Der Schwanz wird so weit wie möglich zwischen die Hinterbeine geklemmt. Häufig kommt es zu Beißereien. Beide Droharten werden von Knurren, Bellen und Schreien begleitet.

2| »Gleich beiße ich zu« ist aus dieser Mimik zu schließen.

Imponieren
Zeichnung 3
Mit dem Imponierverhalten will der Hund seine Überlegenheit demonstrieren. Dabei versucht er, so groß wie möglich zu wirken. Er sträubt die Rückenhaare und streckt seine Gelenke ganz durch. Den Hals stellt er steil auf, die Rute wird ziemlich hoch getragen. Die Ohren beziehungsweise die Ohrwurzeln sind aufgestellt und zeigen leicht nach vorne. Zwei Rüden, die sich begegnen, wollen durch oben beschriebenes Verhalten feststellen, wer von ihnen der überlegene ist. Fühlen sich beide gleich stark, kann das Imponieren in Drohen und, je nach Situation, in einen Kampf übergehen.
Weitere Imponiergesten sind das »über die Schnauze beißen« und die sogenannte »T-Sequenz«, bei der der überlegene Hund versucht, sich mit der Breitseite vor den anderen Hund zu stellen (→ Zeichnung 3).
Weiter gehört zu diesem Verhaltensbereich das Imponierscharren,

bei dem meist nach dem Markieren eifrig mit den Hinterbeinen gescharrt wird.
Dieses Verhalten zeigen besonders sehr dominante Hunde. Auch gegenseitiges Aufreiten gehört zum Imponieren.

Unterwürfigkeit

Auch von dieser Verhaltensweise gibt es zwei verschiedene Formen: die aktive und die passive Unterwerfung.

Bei der aktiven Unterwerfung auch »soziales Grüßen« genannt, handelt es sich um eine Freundlichkeitsbezeugung eines Rangniedrigen einem Ranghöheren gegenüber.
Der rangniedrige Hund sucht Schnauzenkontakt zum ranghöheren. Dabei wirkt er geduckt, der Schwanz wedelt ziemlich schnell, wird dabei aber ziemlich tief gehalten. Die Mundwinkel werden zurückgezogen, die Ohren zurückgelegt.
Zeigt ein Hund einem Menschen gegenüber dieses Verhalten, ist er bestrebt, dessen Hände und Gesicht zu lecken. Dieses Verhalten stammt aus der Welpenzeit und bewirkt, daß die Eltern Futter hervorwürgen (→ Zeichnung, Seite 10).
Auch das »Pföteln«, also das Pfötchengeben, ist eine Unterwerfungs- oder Beschwichtigungsgeste und hat seinen Ursprung im sogenannten Milchtritt. Dabei werden während des Saugens tretende Bewegungen mit den Pfoten am Gesäuge der Hündin ausgeführt.
Hunde benützen das Pföteln auch, wenn sie um Futter oder Zuwendung betteln (→ Foto, Umschlagseite 2).
Die passive Unterwerfung zeigt ein Hund zum Beispiel dann, wenn er sich im Kampf unterwirft. Dabei legt er sich demonstrativ auf den Rücken, wobei der Schwanz ganz zwischen die Beine geklemmt wird. Die Ohren werden an den Hinterkopf gelegt. Ein Blickkontakt mit dem Gegner wird vermieden. Dieses Verhalten bewirkt, daß der Ranghöhere den Kampf abbricht.

3| »Ich bin der Stärkere« will der langhaarige Hund dem anderen klar machen. Das »Aufbauen« vor dem Gegner, indem der Hund Breitseite zeigt, gehört zum Imponierverhalten.

Der entspannte Hund

Dabei hängt der Schwanz, je nach Rasse, leicht gebogen herab. Die Ohren sind aufgestellt und zeigen nach vorn. Die Beine sind leicht gewinkelt. Der Kopf wird leicht angehoben.

Der unsichere Hund

Der Hund wirkt leicht geduckt. Sein Blick ist unruhig. Die Ohren werden nach hinten gedreht, der Schwanz zwischen die Beine geklemmt. Meist sind die Mundwinkel nach hinten gezogen.

Die geruchliche (olfaktorische) Verständigung

Geruchliche Informationen über den Artgenossen gewinnen Hunde durch gegenseitiges Beriechen der Schnauzenregion und des Hinterteils sowie der Hinterlassenschaften. Auch den menschlichen Gerüchen kann der Hund Informationen entnehmen.

Die Lautsprache des Hundes

Bellen: Stärker als der Wolf benützt der Hund das Bellen als Verständigungsmittel. Es kann je nach Rasse und Bedeutung stark variieren.

Heulen: Manche Hunde heulen, beispielsweise wenn eine Kirchenglocke erklingt oder wenn sie sich alleine fühlen.

Knurren: Es ist ein Drohlaut, der gegen einen Gegner gerichtet ist. Einem knurrenden Hund sollten Sie mit Vorsicht begegnen. Das Knurren wird auch als Warnlaut eingesetzt, wenn der Hund etwas Unbekanntes sieht oder hört.

Winseln, Jaulen und Schreien: Diese Laute drücken Unbehagen, Angst oder Schmerz aus.

Absolute Entspannung drückt diese Haltung aus.

Nur wer die Fähigkeit zum Rudelführer hat, wird akzeptiert

Verständlicherweise muß der Hund innerhalb seiner Menschenfamilie den rangniedrigsten Platz einnehmen. Doch der Hund erkennt bereitwillig den menschlichen Rudelführer an, wenn dieser überzeugend in seiner Rolle wirkt.

Manche Hundehalter sind immer noch der Meinung, für ihren Hund sei es das beste, ihn tun zu lassen, was er will. Dies gibt dem Hund aber nicht das Gefühl, in einem intakten Rudel zu leben, denn es fehlt ihm eine klare Linie. Hat solch ein Hund eine sehr starke Persönlichkeit, wird er eines Tages versuchen, selbst Rudelführer zu werden, damit sein Rudel »überlebensfähig« ist.

Auch die Meinung, man sollte dem Hund im ersten Lebensjahr Narrenfreiheit gewähren und dann mit der ernsthaften Erziehung beginnen, ist völlig überholt, denn wie Sie jetzt bereits wissen, müssen sich Wolfswelpen schon von klein auf in den Rudelverband integrieren und bestimmte Regeln akzeptieren.

Wegen ihres sozialen Wesens sind Hunde natürlich am liebsten dauernd mit ihren Familienmitgliedern zusammen. Einem erwachsenen Hund macht es jedoch trotzdem nichts aus, wenn er ab und zu mal ein paar Stunden alleine bleiben muß.

Nicht artgerecht ist es jedoch, ihn den ganzen Tag alleine zu lassen, egal ob im Haus oder im Zwinger. Diese Haltung zieht meistens Verhaltensstörungen nach sich, da sie dem Wesen des Hundes gänzlich widerspricht.

Die Sprache des Hundes

Um Hunde richtig zu verstehen, müssen Sie wissen, wie sie sich mit uns und ihren Artgenossen verständigen. Sie tun das, wie der Wolf, mittels optischer, akustischer und olfaktorischer (geruchlicher) Signale (→ PRAXIS-Seite 14/15).

<u>Optische Signale</u> nehmen einen großen Teil der Verständigungsmöglichkeiten ein. Dabei werden Stimmungen durch Mimik, Ohrenhaltung, Stellung der Rute und mit Hilfe der Rückenhaare signalisiert. Leider sind vielen Rassen durch entsprechende Zuchtwahl einige Verständigungsmöglichkeiten abhanden gekommen. So tragen zum Beispiel die meisten Windhunde ihren Schwanz immer zwischen den Beinen und wirken auf diese Weise ständig unterwürfig, auch wenn sie es nicht sind. Der Beagle dagegen befindet sich durch seinen aufgerichteten Schwanz in permanenter Imponierhaltung. Rassen wie etwa Boxer oder Spaniel können mit ihrem kupierten Schwanz fast nichts mehr mitteilen.

Bei der optischen Verständigung spielen die Ohren eine wichtige Rolle. Hier sind Rassen mit Hängeohren in ihrer Verständigung ebenfalls eingeschränkt. Auch beim Haaresträuben sind viele Rassen im Nachteil. So fehlt diese Ausdrucksmöglichkeit beispielsweise dem Pudel und dem Bobtail.

Bei solchen Hunden kann es bisweilen zu Verständigungsproblemen mit Artgenossen kommen. Deshalb ist es sehr wichtig, daß ein Hund bereits als Welpe viel Kontakt mit anderen Hunden hat, damit er das Sozialverhalten lernen kann.

Der Hund ist auch in der Lage, an Ihrer Mimik, der Lautstärke Ihrer Stimme, an Ihren Bewegungen und Ihrem Tonfall abzulesen, wie Sie ihm gesonnen sind. Diese Fähigkeit ist ihm angeboren. Darüber hinaus lernt er in seiner Jugendentwicklung bestimmte Kombinationen von den oben angeführten Signalen und darauf folgenden Handlungen zu deuten. Dabei unterscheidet er sehr feine Nuancen, die dem Menschen oft gar nicht bewußt werden. Ein Beispiel: Alle Familienmitglieder sitzen beieinander. Der »Rudelführer« verläßt das Zimmer ein- oder zweimal, um irgendetwas zu holen. Als er das dritte Mal aus dem Zimmer geht, will er sich für den gemeinsamen Spaziergang mit dem Hund bereit machen.

Lag der Hund vorher ganz ruhig unter dem Tisch, so steht er jetzt erwartungsvoll schwanzwedelnd vor seinem Herrn, obwohl dieser gar nichts von einem Spaziergang gesagt hat.

Feinste Unterschiede in Körperhaltung und Mimik haben den Hund jedoch erkennen lassen, daß es nun um ihn geht.

<u>Geruchliche Signale</u>: Es ist bekannt, daß Hunde durch gegenseitiges Beriechen Informationen über den Artgenossen gewinnen (→ PRAXIS-Seite 15). Mit Sicherheit kann der Hund auch aus den unterschiedlichen »Düften«, die der

Buddeln ist eine Hundeleidenschaft.

Mensch beispielsweise bei Streß oder Angst abgibt, verschiedene Informationen entnehmen. Da der Mensch dies aber nicht annähernd nachempfinden kann, ist nicht genau bekannt, welche Rolle Gerüche bei der Verständigung zwischen Mensch und Hund spielen.
<u>Akustische Signale</u>: Die Verständigungsmöglichkeit durch differenzierte Laute wie Bellen oder Knurren sind sowohl gegenüber Artgenossen als auch dem Mensch gegenüber gegeben (→ PRAXIS-Seite 15).

Wie Hunde lernen
Hunde sind sehr lern- und anpassungsfähig. Im Gegensatz zum Wildtier sind sie zu Lernprozessen fähig, die über lebensnotwendige Vorgänge, wie beispielsweise die Nahrungssuche, hinausgehen. Ja, man kann sogar sagen, sie sind zu einfachem einsichtigen Handeln fähig.
Jeder weiß, daß man einem Hund die verschiedensten Kommandos und Verhaltensweisen beibringen kann. Wie aber lernt der Hund das?
Grundsätzlich lernen Hunde durch Erfahrung. Verhaltensweisen, die mit positiven Erfahrungen verbunden sind, werden gerne wiederholt, die mit negativen verbundenen eher vermieden.
Folgende verschiedene Lernformen sind beim Hund möglich:
<u>»Klassische Konditionierung«</u>: Dabei löst ein bestimmter Reiz einen Reflex aus. Beispiel: Ein Hund leckt gerne leere Joghurtbecher aus. Ißt man einen Joghurt, verursacht der Löffel auf dem Grund des Bechers ein bestimmtes Geräusch, wenn der Becher fast leer ist. Anschließend darf der Hund den Becher auslecken.
Nach einiger Zeit genügt bereits das Geräusch, damit dem Hund sozusagen »das Wasser im Mund zusammenläuft«.

<u>»Bedingte Aversion«</u>: Eine andere Form des Lernens ist die der »bedingten Aversion«. Beispiel: ein Hund klaut Kuchen vom Tisch. Wird er nun durch ein lautes »Pfui« oder einen Klaps mit der Zeitung bestraft, meidet er diese Situation in Zukunft. Auf einen bestimmten Reiz folgt also eine schlechte Erfahrung.
<u>»Operantes Lernen«</u>: Manche Hundehalter fördern, oft unbewußt, ein bestimmtes Verhalten. Beispiel: Weil der Hund verletzt ist, hinkt er. Er tut seinem Frauchen sehr leid und wird deshalb mit besonderer Zuwendung belohnt. Als er wieder gesund ist, beginnt er wieder zu hinken, um erneut diese Zuwendung zu bekommen.
Dieses Lernen wird »operantes Lernen« genannt.
<u>»Bedingte Hemmung«</u>: Beim Lernen von »bedingter Hemmung« wird ein bestimmtes Verhalten durch eine negative Erfahrung verhindert. Dabei wird der Hund bestraft, bevor er zum Beispiel eine Katze verfolgt und nicht erst, wenn er wieder zurückkommt. Das geht mit der entsprechenden Aufmerksamkeit ohne große Probleme. Sie müssen nur die Katze entdecken, bevor der Hund sie gesehen hat.
<u>»Bedingte Appetenz«</u>: Als letztes sei das Lernen von »bedingter Appetenz« erwähnt. Dabei lernt der Hund, einen bestimmten Reiz oder eine bestimmte Handlung mit einem bestimmten Verhaltensablauf zu kombinieren. Beispiel: Ein wasserbegeisterter Hund bricht in einen Freudentaumel aus, wenn Frauchen seinen speziellen Wasserspielring nimmt, da er weiß, jetzt geht's zum Baden.

Die häufigsten Mißverständnisse zwischen Hund und Mensch

Durch die Domestikation (→Seite 12) schließt sich der Hund eher dem Menschen als seinen Artgenossen an. Er lebt aber in seiner menschlichen Familie ähnlich wie in einem Rudel von Artgenossen. Der Hund sieht zwar im Menschen keinen Artgenossen im eigentlichen Sinn, sondern kann gut zwischen Mensch und Hund unterscheiden, doch ist der Mensch für ihn eine Art »Überhund«.

Der Hund erwartet dadurch vom Menschen in gewisser Weise hundeähnliches Verhalten.

Umgekehrt jedoch sieht der Mensch im Hund häufig eine »Art Mensch« und mißt ihn oft mit seinen Maßstäben. Durch dieses Grundmißverständnis kommen die häufigsten anderen Mißverständnisse zwischen Hund und Mensch im täglichen Zusammenleben zustande.

Erstes Mißverständnis: Viele Hundebesitzer denken, sie unterdrücken ihren Hund, wenn sie ihn ausbilden und mit ihm arbeiten. Doch das Gegenteil ist der Fall.

In freier Wildbahn sind Wölfe oder Wildhunde ständig gefordert. Sie müssen Beutetiere erlegen und dafür Jagdstrategien entwickeln. Es wird um die einzelnen Rangpositionen gekämpft und das Territorium muß gegen Eindringlinge verteidigt werden. Dies alles haben wir dem Hund abgenommen.

Damit er nicht geistig verkümmert, müssen wir ihm eine entsprechende Beschäftigung geben.

Zweites Mißverständnis: Der Hund wird im Bereich seines Gefühlslebens vom Menschen oft mit menschlichen Maßstäben gemessen.

So fehlt Hunden zum Beispiel das wirkliche Verstehen von menschlichen Gefühlen. Ist man selber gut aufgelegt und entspannt, überträgt sich Ihre positive Ausstrahlung auf den Hund. Ist man traurig oder gereizt, bedrückt dies den Hund. Er ist durch das veränderte Verhalten seines Menschen verunsichert. Der Hund weiß aber nicht, was im Menschen wirklich vorgeht.

Ein Hund hat auch kein Gewissen im menschlichen Sinne. Für ihn gibt es keine Unterscheidung zwischen »Gut« und »Böse«.

Was beim Hund oft wie ein schlechtes Gewissen aussieht, ist nicht nur Angst vor einer Bestrafung, sondern vielmehr angeborene Unterwürfigkeits- und Beschwichtigungsgestik. Damit möchte er erreichen, daß er im »Rudel« bleiben darf, obwohl er gegen bestehende Regeln verstoßen hat.

Drittes Mißverständnis: Es gibt Hundehalter, die glauben, ihr Hund sei in einem Zwinger gut aufgehoben. Es reiche aus, wenn er ab und zu aus dem Zwinger auf den Übungsplatz gebracht, dort »benützt« und »nach Gebrauch wieder weggeräumt« wird. So isoliert gehalten und womöglich noch unfachmännisch »mannscharf« gemacht, gehen von solchen Hunden oft große Gefahren aus.

Der Hund wird nur leider allzu häufig von seinem Besitzer vermenschlicht. So wird man aber den Bedürfnissen eines Hundes kaum gerecht. Der artgerechte Umgang mit dem Hund ist für seine gesunde Entwicklung unerläßlich.

Die Entwicklungsphasen des Welpen

Kommen wir nun zu einem sehr wichtigen Kapitel, das Ihnen helfen wird, Ihren vierbeinigen Freund noch besser zu verstehen und ihn artgerecht zu behandeln.

Die Entwicklung des Welpen verläuft in verschiedenen Phasen. Erfahrungen, die er in diesen Phasen macht oder die ihm fehlen, prägen sein gesamtes späteres Leben. Deshalb ist wichtig, diese Phasen optimal zu nutzen.

Wichtige Entwicklungsphasen

Ein Hund durchläuft in seinem ersten Lebensjahr entscheidende Entwicklungsphasen. In jeder dieser Phasen ist sein Gehirn für ganz bestimmte Reize und Erfahrungen empfänglich. Erfahrungen in diesen Phasen prägen den Hund, das heißt, sie sind fast unauslöschlich in seinem Gehirn verankert.

Ausbleibende Reize in der jeweiligen dafür vorgesehenen Phase, führen zu einem Entwicklungsdefizit. Diese Mängel sind später nur schwer, oft gar nicht mehr auszugleichen. Die meisten Verhaltensauffälligkeiten beim erwachsenen Hund wurden durch Fehler in der Welpenzeit verursacht.

Die ersten acht Lebenswochen

Bei seiner Geburt ist der Welpe noch blind. Aber er findet aus eigener Anstrengung das im Moment Wichtigste für ihn, die Zitze seiner Mutter. Hier kann er sein Saugbedürfnis und seinen Hunger befriedigen. Das ist seine erste Lernleistung.

Mit etwa zwei bis drei Wochen öffnen sich die Augen und er kann bewußt Mutter und Geschwister wahrnehmen, er lernt also seine Artgenossen kennen. Jetzt setzt auch die erste wichtige Entwicklungsphase, die Prägungsphase, ein. In dieser Zeit lernt der Welpe erstes Sozialverhalten durch Mutter und Geschwister. Deshalb ist ganz wichtig, daß die Hündin gesund ist und sich normal verhält.

Die Prägungsphase dauert in etwa bis zur achten Lebenswoche.

Was der Mensch jetzt beachten muß: Ab etwa der dritten Lebenswoche setzt die Prägungsphase des Welpen ein. Nun muß auch die Prägung auf den Menschen erfolgen, das heißt die Welpen brauchen intensiven Kontakt mit viel Berührungen zum Menschen, damit sie ihn als eine Art Artgenossen ansehen und so zu einem harmonischen Zusammenleben mit ihm fähig werden. Wenn die Welpen erste Ausflüge in die Umgebung ihrer Wurfkiste machen, sollten sie die Möglichkeit haben, viele Reize aufzunehmen. Ein guter Züchter wird seinen Welpen eine Art Spielplatz zurecht machen, sie mit verschiedenen optischen und akustischen Reizen vertraut machen, kurzum, er wird ihnen ermöglichen, ihre Umwelt kennenzulernen.

Achte bis zwölfte Lebenswoche

Ungefähr in der 8. Lebenswoche setzt die Sozialisierungsphase ein, die bis etwa zur zwölften Woche dauert. Kümmerte sich bisher in erster Linie die Mutter allein um ihre Welpen, würden jetzt bei wildlebenden Hunden auch der Vater und andere Rudelmitglieder in Erscheinung treten, um die Welpen zu erziehen.

Bis jetzt hatten die Welpen sozusagen Narrenfreiheit. Alle kümmerten sich um sie und die erwachsenen Tiere ließen

Diese Colliewelpen erkunden mit Hilfe ihrer Mutter die Umwelt.

sich alles gefallen. Das wird nun anders. Ab sofort werden die Welpen durch Knurren oder kräftiges Schütteln am Nackenfell zurechtgewiesen, wenn sie sich zuviel herausnehmen. Nach wie vor gibt es aber viele Spielstunden, wobei das erwachsene Tier bestimmt, wann und wie lange gespielt wird und so seine Vormachtstellung unterstreicht.
Die Welpen lernen so, die Autorität der Erwachsenen und die im Rudel geltenden Regeln zu respektieren.

<u>Was der Mensch jetzt beachten muß:</u>
Kommt der Welpe mit etwa acht Wochen zu Ihnen, war er bisher gewöhnt, daß sich alles um ihn drehte. Er durfte tun und lassen, was er wollte, wurde gesäugt, wenn er hungrig war usw.
Nun betrachtet er Sie und Ihre Familie als sein neues »Rudel«. Er wird jetzt an Ihnen gewissermaßen austesten, wie weit er gehen kann und was er mit den Gegenständen in seinem neuen Heim alles anfangen kann.

Spätestens jetzt wird klar, wie wichtig es ist, den Welpen vom ersten Tag an zu erziehen und ihn mit den geltenden Regeln in seiner neuen Familie vertraut zu machen.

Dazu ist es notwendig, einige Tabus für den Welpen zu setzen.

Er muß begreifen, daß viele Dinge wie zum Beispiel Stuhlbeine, Teppiche usw. »Pfui« sind (→ Seite 28).

Einen hohen Stellenwert nimmt jetzt das gemeinsame Spielen ein. In den ersten acht Lebenswochen spielt der Welpe fast nur für sich allein mit irgendeinem Gegenstand oder an einzelnen Körperteilen seiner Geschwister.

Nun beginnt er zu erkennen, daß es viel schöner ist, etwas gemeinsam zu tun. Und gemeinsames Tun fördert die Bindung zwischen Herr beziehungsweise Frau und Hund. Aber das Spiel hat noch einen anderen Zweck. Verhält sich der Welpe während des Spiels zu wild, brechen Sie das Spiel einfach abrupt ab. Dadurch erlernt der Welpe die Beißhemmung gegenüber dem Menschen (→ Seite 8).

Durch das gemeinsame Spielen und dem Erfahren, daß man nicht alles darf, was man möchte, lernt der Welpe, daß es von Vorteil ist, miteinander zu leben und sich in eine Gemeinschaft einzufügen.

Sehr wichtig ist jetzt auch, dem Welpen viel Gelegenheit zum Spiel mit friedlichen Artgenossen jeden Alters, hauptsächlich aber mit in etwa Gleichaltrigen zu geben, damit er das Sozialverhalten unter seinesgleichen lernt. Manche Rassehundvereine und andere Institutionen bieten zu diesem Zweck sogenannte »Prägungsspieltage« an, deren Besuch sehr zu empfehlen ist (→ Adressen, die weiterhelfen, Seite 62).

Fehler in der Sozialisierungsphase wie mangelnde Konsequenz oder Uneinigkeit in der Familie über das, was der Hund darf und was nicht, können später zu ernsten Problemen mit dem Hund führen.

Zwölfte bis zwanzigste Lebenswoche
Innerhalb der nächsten zwei Monate wird Ihr Welpe zum Junghund.
In einem Rudel von Artgenossen bildet

Die Mutter ist das Wichtigste in den ersten Wochen im Leben eines Welpen. Sie gibt ihm Nahrung, Geborgenheit und spielt mit ihm.

sich in dieser Zeit unter den Welpen allmählich eine Rangordnung, wobei es allerdings mehr um geistige als um körperliche Überlegenheit geht. Der Vaterrüde wird immer mehr Vorbild und beeindruckt seine Welpen überwiegend durch seine Erfahrung und sein Auftreten, nur noch wenig durch körperliche Überlegenheit. Deshalb fühlen sich die Welpen unter den Fittichen ihres Vaters sehr sicher und ordnen sich ihm gern unter. Die Ausflüge, die sie jetzt in die nächste Umgebung machen und später.die Jagdzüge, vermitteln ihnen Erkenntnisse über ihre Umwelt und lassen sie wichtige Erfahrungen sammeln.

<u>Was der Mensch jetzt beachten muß:</u>
Diese Entwicklungsphase seines Welpen verlangt dem Hundebesitzer einiges ab. Mangels Geschwister wird der Welpe nun an Ihnen ausloten, wer der Überlegenere ist.

Er will genau wissen, woran er mit seinem »Rudelführer« ist, ob dieser auch geeignet ist, das Rudel zu führen. Manche Junghunde beginnen, ihre Futterschüssel knurrend zu verteidigen. Verkehrt wäre es nun, dies zu respektieren und den Hund ungestört fressen zu lassen, denn dies vermittelt dem Hund, daß er der Überlegene ist und bestärkt ihn womöglich in weiteren Bemühungen, Rudelführer zu werden. Aus seiner Sicht durchaus zu Recht, da dem bisherigen »Überhund« entsprechende Qualitäten offensichtlich fehlen und so das Rudel in Gefahr ist. In einer solchen Situation nimmt man dem Hund die Futterschüssel weg und gibt sie ihm erst wieder, wenn er sich freundlich verhält. Auch das Übertreten bisher bereits akzeptierter Verbote kennzeichnet diese Entwicklungsphase. Jetzt ist es besonders wichtig, beständig und konsequent zu bleiben. Dann legen sich diese Dinge schnell wieder. Außerdem bekommt der Junghund die Gewißheit, einen guten Rudelführer zu haben, unter dessen Obhut er sich sicher fühlen und an dem er sich orientieren kann. So entsteht ein Vertrauensverhältnis und eine starke Bindung zwischen Hund und Besitzer. Beides ist unerläßlich für ein harmonisches Miteinander.

Spielen mit Gleichaltrigen ermöglicht dem Welpen das Erlernen von innerartlichem Sozialverhalten.

Bei den täglichen kleinen Spaziergängen sollte der Welpe, wo immer es möglich ist, ohne Leine laufen. So kann er einerseits seine Umgebung selbst erkunden und gleichzeitig hilft dies ebenfalls, die Bindung richtig aufzubauen. Denn so wird der Welpe automatisch immer schauen, daß er das für sein Überleben Wichtigste, nämlich sein Rudel, nicht aus den Augen verliert.

Man kann das noch durch ein kleines Spielchen unterstützen. Wenn der Welpe gerade abgelenkt ist, versteckt man sich hinter einem Busch oder Ähnlichem. Natürlich nicht zu weit weg. Nach kurzer Zeit wird Ihr Hundekind bemerken, daß Sie nicht mehr da sind und zu suchen beginnen. Hat er Sie gefunden, versteht es sich von selbst, daß Sie überschwenglich Ihre Freude kundtun.

Sobald Ihr Hund seinen Namen kennt, ist es ganz wichtig, ihn draußen nur ein-, höchstens zweimal zu rufen. Reagiert er nicht, entfernt man sich in flotter Gangart in entgegengesetzter Richtung.

Nur so lernt der Welpe für sein ganzes Leben, sofort zu uns zu kommen, wenn er gerufen wird. Laufen Sie ihm nach, faßt er dies als Spielaufforderung auf.

Wenn Sie auf ihn warten und ihn immer wieder rufen, sagt ihm das, daß er sich nicht beeilen braucht, da ja noch alle da sind.

Leider gibt es viele Hundebesitzer, die ihren Welpen immer an der Leine halten oder gar tragen, aus Angst, er könnte weglaufen oder es könnte ihm etwas geschehen. So unterbindet man das Erkundungsverhalten, wichtige Kontakte mit Artgenossen sowie die Entstehung einer optimalen Bindung. Das Ergebnis sind dann Hunde, die ihrer Umwelt und ihren Artgenossen gegenüber eher ängstlich reagieren. Manche werden auch aggressiv, da sie sich auf dem Arm oder an der Leine besonders stark fühlen. Es kann dann durchaus passieren, daß ein solcher Hund, wenn er versehentlich nicht an der Leine ist, davonläuft, um Dinge nachzuholen, die ihm bisher verwehrt wurden.

Will jemand seinen Hund als Gebrauchshund zum Beispiel für die Jagd verwenden, ist jetzt die beste Zeit, ihn auf die späteren Aufgaben vorzubereiten.

Für unser Beispiel bedeutet das, den Hund etwa mit Kaninchenfellen und Federn bekannt zu machen und ihn an das Wasser zu gewöhnen.

Während dieser Entwicklungsphase ist es auch wichtig, ihn jetzt zunehmend an seine Umwelt zu gewöhnen und ihn mit verschiedenen Dingen und Situationen vertraut zu machen. Dazu gehört, ihn an die verschiedensten Geräuschquellen wie Rasenmäher, Mixer, Staubsauger, Verkehrslärm usw. zu gewöhnen, mit ihm das Laufen auf Treppen und Böden aller Art zu üben, schmale Stege, enge Druchgänge und Brücken usw. zu passieren und ihn mit den verschiedensten Situationen wie beispielsweise Menschenansammlungen oder etwa flatternden Folien zu konfrontieren.

Gut ist es, den Hund generell überall dort mit hinzunehmen, wo es möglich ist.

Zum ersten Ausflug in die Stadt sollte man sich übrigens extra Zeit nehmen und dies nicht in Verbindung mit dem Wocheneinkauf planen. Dies alles trägt dazu bei, daß sich der Hund in unserer zivilisierten und technisierten Umwelt zurechtfindet und keine Ängste in alltäglichen Situationen zeigt.

Nach dem Spielen wird eine Pause eingelegt.

Auch Begegnungen mit erwachsenen Artgenossen sind für den Welpen wichtig.

Ab dem sechsten Lebensmonat

Mit etwa einem halben Jahr hat Ihr vierbeiniger Kamerad die für sein weiteres Leben entscheidenden Phasen hinter sich. Wurden diese optimal genutzt, dann haben Sie jetzt einen treuen Begleiter, für den sein Besitzer der Mittelpunkt seines Lebens ist. Er ordnet sich ihm bereitwillig und freudig unter.

Der Hund kann nun gut zwischen Arbeit und Spiel unterscheiden und die weitere Ausbildung wird keine nennenswerten Probleme mit sich bringen. Ihr Hund wird bemüht sein, Sie nicht aus den Augen zu verlieren und sich nicht ohne Erlaubnis außer Sicht- oder Hörweite begeben.

Der Verhaltensforscher Konrad Lorenz hat dafür den Begriff »Gefolgschaftstreue« geprägt.

Das Erwachsenwerden

Bis Ihr Hund erwachsen ist, werden – je nach Rasse – noch sechs bis zwölf Monate vergehen. In diese Zeit fällt die Pubertät. Es kann sein, daß Ihr Vierbeiner wieder die eine oder andere Regel in Frage stellt. Es kann auch sein, daß er in manchen Situationen vorübergehend etwas sensibel oder ängstlich reagiert.

Wenn Sie weiterhin beständig und konsequent bleiben, wird auch diese Zeit durch die gute Bindung und das Vertrauen zwischen Ihnen und Ihrem Hund ohne Probleme vorübergehen.

PRAXIS
Eingewöhnen

Die Vorbereitungen
Bereits bevor der Welpe in sein neues Zuhause einzieht, sollte alles für ihn vorbereitet sein. Er braucht einen Futter- und einen Wassernapf, sowie Halsband und Leine. Auch sein Schlafplatz muß eingerichtet sein.

1] Weidenkörbe sind schön, halten jedoch den Welpenzähnchen meist nicht lange stand.

Bei seiner Ankunft sollte der kleine Hund einige Spielsachen vorfinden.
Nicht zu vergessen ist das Futter. Erkundigen Sie sich beim Züchter, was er den Welpen gefüttert hat. In der ersten Zeit füttert man am besten das gleiche wie der Züchter, um dem Welpen eine plötzliche Umstellung der Ernährung zu ersparen. Futterumstellungen sollten immer allmählich erfolgen.
Manche Züchter geben die Ration für die ersten Tage mit.

Der Schlafplatz
Zeichnung 1
Im Zoofachhandel werden Schlafkörbe aus Weide, Plastikliegeschalen oder Schlafhöhlen aus waschbaren Materialien angeboten. Schlafhöhlen sind eher für die kleinen Hunderassen geeignet.
Da einem Welpen das plötzliche Getrenntsein von Mutter und Geschwistern Angst macht, ist es am besten, ihm seinen Schlafplatz im oder in der Nähe des Schlafzimmers einzurichten. So merkt man es auch gleich, wenn der Welpe nachts mal »muß«. Spielen sollte man nachts nicht mit ihm, sonst gewöhnt er sich dies womöglich an.
Mein Tip: Um dem Welpen die Eingewöhnung, vor allem nachts, zu erleichtern, gibt es eine nützliche Methode: Vereinbaren Sie mit dem Züchter, daß er zum Beispiel ein Handtuch zu den Welpen legt. Wenn Sie den Welpen abholen, nehmen Sie es mit und legen es zuhause in sein Körbchen.
So hat er noch einige Zeit den vertrauten Geruch von Mutter und Geschwistern um sich.

Das Hundespielzeug
Zeichnung 2
Der Zoofachhandel bietet eine große Spielzeugauswahl. Angefangen vom quietschenden Gummikotelett über Wurfringe, Bälle und Apportierknuddel aus geknotetem Tau ist alles zu haben. Gibt man dem Hund von Anfang an nur spezielles Hundespielzeug, kommt er nicht so leicht in Versuchung, Schuhe zum Spielen zu verwenden. Ein Hund kann nicht zwischen einem alten und einem neuen Schuh unterscheiden.

Der Transport
Eines Tages ist es soweit und das neue Familienmitglied kann beim Züchter abgeholt werden. Häufig wohnt der Züchter nicht in unmittelbarer Nähe und der Welpe hat einen längeren Weg vor sich. Wird er mit dem Auto abgeholt, sollte man immer zu zweit sein, damit sich während der Fahrt jemand um das Hundekind kümmern kann. Vor der Heimreise, egal ob mit Flugzeug, Bahn oder Auto soll der Welpe nicht gefüttert werden, damit ihm nicht übel wird.

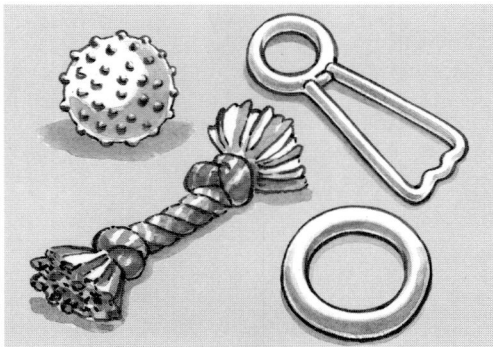

2] Spielzeug für den Hund darf nicht fehlen. Im Fachhandel werden vom Kauring bis zum Zugspiel aus Kunststoff viele verschiedene Spielsachen angeboten.

3| Beim Tragen den Welpen an der Brust und unter dem Hinterteil festhalten.

Dies könnte ihm nämlich das Reisen für einige Zeit verleiden. Während der Heimfahrt mit dem Auto werden stündlich Pausen eingelegt, damit sich der Welpe ein wenig bewegen und seine »Geschäfte« erledigen kann. Dabei den Welpen grundsätzlich an die Leine nehmen. Falls Sie Ihren Welpen im Ausland holen, erkundigen Sie sich schon vorher nach den Einreisebestimmungen entweder beim Konsulat oder bei einem Tierarzt.
Falls Sie und der Züchter in der Nähe eines Flughafens wohnen, ist es am besten, den Hund mit dem Flugzeug zu holen. Setzen Sie sich in diesem Fall rechtzeitig mit der Fluggesellschaft in Verbindung. Mit der Bahn sollte man den Welpen nur transportieren, wenn man ihn selbst abholt. Anderenfalls wäre er zu lange allein unterwegs.

Die Ankunft
Zeichnungen 3 und 4
Für den Welpen ist es ein großer Einschnitt in seinem Leben, wenn er von Mutter und Geschwistern weg in eine neue Umgebung kommt. Dies sollte man respektieren und den kleinen Hund in Ruhe sein neues Zuhause erkunden lassen.
Vom Umgang mit dem Welpen: Der Welpe wird von sich aus zu jedem Kontakt aufnehmen. Zeigen Sie ihm seine Spielsachen und seinen Schlafplatz. Möchten Sie den Kleinen auf den Arm nehmen, zeigt Ihnen die Zeichnung 3, wie er richtig gehalten wird.
Sollte der kleine Vierbeiner bereits bei seinem ersten Rundgang Teppichfransen oder Stuhlbeine anknabbern, zögern Sie nicht,

4| Ein Welpe braucht viel Schlaf. Während seiner Ruhephasen darf er nicht gestört werden.

ihm von Anfang an klar zu machen, daß er das nicht darf (→ Seite 22).
Schlafen: Hatte der Welpe eine sehr lange und anstrengende Heimreise, möchte er vielleicht bald schlafen (→ Zeichnung 4). In diesem Fall sollte man ihm seine Ruhe gönnen. Das gilt auch für die Zukunft. Ein schlafender Welpe sollte nie geweckt werden.

Spiel und Spaziergänge
Spielen: In seinen Wachphasen ist der neue Hausgenosse zu allerhand Spielen aufgelegt. Das gemeinsame Spiel ist sehr wichtig für die Klärung der Rangverhältnisse und das Erlernen der Beißhemmung (→ Seite 22). Ist der Hund zu wild, bricht man das Spiel ab. Dies ist für einen Erwachsenen ziemlich einfach. Spielt der Hund aber mit einem Kind, das womöglich noch nicht mal sehr viel größer ist als er, wird es schon schwieriger. Kinder können noch nicht erkennen, wann der Welpe zurechtgewiesen werden muß. Lassen Sie deshalb Kinder nicht allein mit dem Hund spielen und beenden Sie das Spiel auch hier, wenn das Hundekind zu wild wird.
Spazieren gehen: Bei Spaziergängen soll der Welpe nicht überanstrengt werden. In den ersten Wochen reichen ein- bis zweimal täglich zehn Minuten. Dieses Pensum wird langsam gesteigert. Bieten Sie ihm aber immer wieder eine fremde Umgebung für Erkundungsgänge an, damit er neue Eindrücke sammeln kann.

Grundkurs für den Erzieher

Damit die Erziehung Ihres Vierbeiners ein Erfolg wird, ist es wichtig, von Anfang an bestimmte Regeln zu beachten. Diese erleichtern dem Hund das Lernen und helfen ihm zu erkennen, wo in der Familie sein Platz ist. Im folgenden Text habe ich Ihnen die wichtigsten Erziehungs-Regeln zusammengestellt.

Das wichtigste bei der Hunde-Erziehung sind Konsequenz und Beständigkeit. Nur so kann der Hund lernen, wo in der Familie sein Platz ist und welche Regeln für ihn gelten. Dies vermittelt ihm außerdem Sicherheit und Vertrauen.

Konsequent sein!
Konsequenz ist eine der wichtigsten Regeln in der Hunde-Erziehung. Dafür ist es unerläßlich, daß sich alle Familienmitglieder darüber einig sind, was der Hund darf und was nicht. Es wäre inkonsequent, wenn der Hund zum Beispiel bei einem Familienmitglied auf der Couch sitzen dürfte, beim anderen dagegen nicht. Couch und Bett sind außerdem aus der Sicht des Hundes erhöhte Liegeplätze. Im Wolfs- und Hunderudel sind solche Plätze nur ranghohen Tieren vorbehalten. Deshalb ist es besser, erst gar nicht einzuführen, daß Ihr Hund es sich auf dem Sofa bequem macht.

Nur eine Person erzieht!
Solange der Hund ausgebildet wird, sollten Sie sich innerhalb Ihrer Familie auf einen Erwachsenen einigen, der regelmäßig mit dem Hund übt. Das erleichtert dem Tier das Erlernen von Kommandos. Später können auch andere Familienmitglieder mit dem Hund üben. Alle Familienmitglieder sollten sich auf die gleichen Erziehungs-Kommandos einigen, damit der Hund nicht verwirrt wird.

Ihre Stimme ist entscheidend!
Der Hund orientiert sich stark am Tonfall des Menschen und am Klang einzelner Worte. Ein richtiges Wortverständnis hat der Hund aber nicht.
Kommandos gibt man immer in einem festen bestimmten Ton in einer normalen Lautstärke. Es ist nicht notwendig und außerdem falsch, den Hund dabei anzuschreien, wie es auf manchen Übungsplätzen zu hören ist.

Lob und Tadel!
Lob: Hat Ihr Hund ein Kommando brav befolgt, vergessen Sie nicht, ihn zu loben. Verwenden Sie für das Lob eine höhere Stimmlage.
Wichtig ist, so zu loben, daß man dem Hund ansieht, daß er sich freut. Bei manchen Hunden reicht es, sie ein wenig zu tätscheln, bei anderen wieder muß man sehr überschwenglich werden. Zur Unterstützung kann man seinem Vierbeiner gelegentlich auch eine freßbare Belohnung geben. Dies sollte aber nicht zur Regel werden. Sicher möchten Sie nicht, daß Ihr Hund nur gehorcht, wenn er Hunger hat.
Tadel: Es gibt Situationen, in denen man seinen Hund strafen muß. Dies ist für ihn nichts Unnatürliches; da er auch in einem Canidenrudel zurechtgewiesen würde, wenn er die Regeln mißachtet hätte. Wichtig ist aber, daß der Hund auch versteht, was Sie ihm deutlich machen wollen.
Bei vielen Hunden reicht ein scharfes, lautes »Pfui«.
Es gibt aber auch viele »dickfellige« Vierbeiner, bei denen es nicht reicht. In

Beim Üben in der Gruppe lernt der Hund, sich auch durch Artgenossen nicht ablenken zu lassen.

einem solchen Fall kann man das »Pfui« damit verbinden, den Hund links und rechts an der Backe zu halten und ihn scharf anzuschauen. Reicht auch das nicht, hält man ihn am Nackenfell fest und schüttelt ihn (→ Foto Umschlagrückseite). Die nächste Steigerung ist, ihn am Nackenfell hochzuheben, so daß nur noch die Hinterbeine auf dem Boden sind. Bei manchen Vierbeinern reicht das auch nicht. In diesen Fällen nimmt man den Hund, falls man die nötige Kraft hat, am Nackenfell und an der Kruppe und hebt ihn ganz vom Boden weg. Eine andere Möglichkeit wäre, ihn auf den Rücken zu legen und an der Kehle festzuhalten, bis er freiwillig so liegen bleibt.

Für den Hund völlig unverständliche Strafen sind, ihm eine Mahlzeit zu streichen oder ihn in den Keller zu sperren. Oftmals lobt oder tadelt man unbewußt so, daß das Gegenteil von dem, was man eigentlich wollte, erreicht wird. Dies ist dann der Fall, wenn der Hund zum Beispiel unberechtigterweise jemanden verbellt oder anknurrt und wir ihn daraufhin tätscheln und beruhigend auf ihn einreden. Der Hund empfindet so unser Verhalten als Bestätigung.

Hinweis: Sowohl Lob als auch Tadel müssen sofort im Anschluß an das jeweilige Verhalten erfolgen.
Der Hund verbindet Lob und Strafe immer mit dem zuletzt gezeigten Verhalten. Ein typischer Fehler, der häufig gemacht wird ist, ihn zu strafen, wenn er erst nach mehrmaligem Rufen oder nach einem unerlaubten Streifzug zurückkommt. Da der Hund in diesem Fall die Strafe mit dem Zurückkommen verknüpft, erreicht man hier das glatte Gegenteil von dem, was man eigentlich

bezweckt. Das »schlechte Gewissen«, das manche Hundebesitzer in einem solchen Fall an ihrem Hund zu erkennen glauben, hat er nicht, weil er weiß, daß er nicht weglaufen darf. Er hat lediglich Angst vor der Strafe, die ihn aus für ihn unverständlichen Gründen erwartet.

Klare Kommandos geben!
Kommandos müssen kurz und klar sein, denn der Hund begreift nicht den Sinn eines ganzen Satzes. Geben Sie nur das eigentliche Kommando in Verbindung mit dem Namen des Hundes. Also zum Beispiel »Tobi Fuß« und nicht »Komm, geh mal schön Fuß«.
Hat der Hund zwei Kommandos verwechselt, muß man ihn korrigieren. Auch das will gelernt sein. Dazu ein Beispiel: Sie geben Ihrem Vierbeiner das Kommando »Platz«. Er setzt sich aber. Nun wäre es richtig, zu ihm zu gehen, das Kommando zu wiederholen und den Hund mit einem Korrekturgriff ins »Platz« zu legen. So versteht er, was Sie von ihm wollen. Geht man aber zu ihm und erklärt ihm »du sollst nicht ›Sitz‹, sondern ›Platz‹ machen«, verwirrt ihn das nur. Er hört zwei Kommandos und weiß nicht, was er nun tun soll. Womit wir gleich beim nächsten Punkt sind.

Kommandos sofort befolgen lassen!
Damit Ihr Hund einen guten Gehorsam bekommt, muß er wissen, daß er ein Kommando sofort zu befolgen hat. Achten Sie darauf, daß er ein Kommando, sobald er es begriffen hat, aufs erste Mal ausführt. Muß es wiederholt werden, tut man das immer in Verbindung mit einem kleinen Korrekturgriff. Je öfter man denselben Befehl wiederholt, ohne darauf zu bestehen, daß der Hund ihn ausführt, um so mehr wird der Begriff verwässert und um so weniger zuverlässig wird der Gehorsam.

Übungen exakt ausführen lassen!
Achten Sie darauf, daß Ihr Hund eine Übung immer exakt ausführt. Dem Hund tut man nichts Gutes, wenn man ihm an einem Tag Ungenauigkeiten großzügigerweise durchgehen läßt, für die man ihn vielleicht am nächsten Tag tadelt. Der Hund kann sich so nicht orientieren und wird verunsichert.

Übungen richtig beenden!
Hat man dem Hund ein Kommando gegeben, ist es sehr wichtig, dieses auch wieder aufzuheben, sei es durch eine andere Übung oder durch Beendigung der Übungsstunde. Hat man den Hund zum Beispiel zuhause irgendwo abgelegt, darf man ihn nicht vergessen, sondern muß ihn auch wieder abholen.

Üben braucht Zeit!
Zum Üben sollte man sich viel Zeit nehmen. Beginnen Sie eine Übungsstunde mit einer Übung, die der Hund schon kann. Beendet wird die Übungsstunde immer vom Hundeführer, nicht vom Hund, weil er vielleicht keine Lust mehr hat. Wenn man merkt, daß der vierbeinige Schüler lieber spielen will, läßt man ihn noch ein, zwei Übungen korrekt ausführen und entläßt ihn dann in die »Freiheit«. Am Schluß einer Übungsstunde sollte immer eine Übung stehen, die der Hund kann, sozusagen als Erfolgserlebnis. Dies gilt besonders dann, wenn man vorher ein neues Kommando trainiert hat, das nicht funktioniert hat. Eine neue Übung sollte erst dann eingeführt werden, wenn alle vorausgegangenen Kommandos vom Hund beherrscht werden. Übrigens ist es nicht ratsam, den Hund ein Kommando zu oft hintereinander wiederholen zu lassen. Das nimmt ihm die Freude am Training. Klappt eine Übung gut, sollte nach ein- oder zweimaligem Wiederholen eine neue Übung folgen.

Die richtige Ausrüstung

Für das Erziehungstraining brauchen Sie folgende Ausrüstung:

<u>Für den Welpen:</u>
- Leder- oder Textilhalsband
- Leder- oder Textilleine

Halsband und Leine sollten der Größe des Hundes angemessen und nicht zu schwer sein.
Das Halsband sollte keine Zugwirkung ausüben, da dies bei einem Welpen nicht notwendig beziehungsweise schädlich ist.

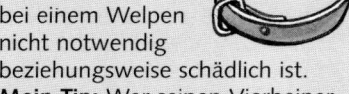

Mein Tip: Wer seinen Vierbeiner auch auf Pfeifsignale trainieren will, was sehr empfehlenswert ist, sollte sich bereits für den Welpen eine sogenannte Jagdhunddressurpfeife zulegen. Sie ist für jeden Hund zu verwenden (→ Seite 32).

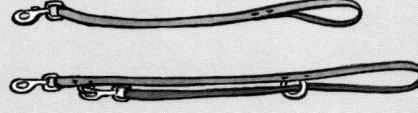

<u>Für den erwachsenen Hund:</u>
- Halsband mit begrenzter oder unbegrenzter Zugwirkung, entweder aus Metall, Leder oder textilem Material.
- Leine, die in der Länge verstellbar sein muß. Sie kann aus Leder oder textilem Material bestehen (→ Halsband und Leine richtig anlegen, Zeichnung, Seite 43).

Mein Tip: Leinen aus Metall sowie Automatikleinen sind für die Ausbildung des Hundes ungeeignet.

<u>Hinweis:</u> Bei sehr kräftigen, dickköpfigen Hunden kann vorübergehend das sogenannte Erziehungshalsband, auch als »Stachelhalsband« bekannt, verwendet werden. Dabei ist es wichtig, den Karabiner der Leine in beide Metallringe des Halsbandes einzuhängen. So angewandt, kann man wirkungsvoll den unter Hunden üblichen erzieherischen Nackengriff imitieren, ohne dem Hund dabei zu schaden. Die nach innen gerichteten, abgerundeten »Stacheln« verletzen den Hund nicht, sondern erzeugen bei einem Leinenruck einen rundherum gleichmäßigen Druck, ohne den Hund dabei zu würgen.

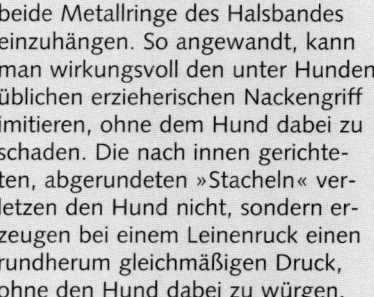

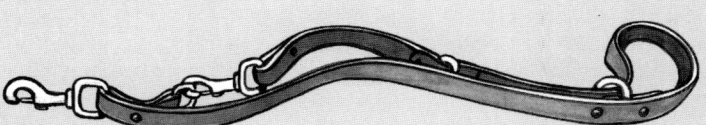

Diese in der Länge verstellbare Leine ist für die Ausbildung des erwachsenen Hundes geeignet.

Hunde-Erziehung in der Praxis

Die effektivste Erziehung beginnt mit dem Welpentraining und geht allmählich in die Begleithundeausbildung über. Grundsätzlich sollte man nur dann mit dem Hund üben, wenn man nicht unter Zeitdruck steht.

Zwei Übungsteile
In den vorangegangenen Kapiteln haben Sie erfahren, warum Hunde-Erziehung wichtig ist, wie Sie Ihren Hund besser verstehen lernen und was Sie bei seiner Ausbildung beachten müssen. Nun möchte ich Ihnen Schritt für Schritt erklären, wie Sie Ihrem Hund die einzelnen Übungen richtig beibringen.
Mit der Erziehung sollten Sie bereits im Welpenalter beginnen. Während dieser Zeit sind Lernbereitschaft und Lernfähigkeit am stärksten ausgeprägt.
Auch der erwachsene Hund läßt sich noch erziehen, allerdings lernt er nicht mehr so leicht wie ein Hund, der es von klein auf gewöhnt ist, zu gehorchen.
Da sich der Schwierigkeitsgrad der Übungen für Welpen und den heranwachsenden Hund unterscheiden, ist der folgende Teil dieses Ratgebers in zwei Teile gegliedert:
• Welpentraining und
• Begleithundetraining.

Übungen richtig trainieren
Die Übungen werden über den Tag verteilt trainiert, zum Beispiel im Haus, im Garten oder während des Spaziergangs. Neue Übungen trainiert man immer erst an der Leine und ohne Ablenkung, also vorzugsweise in der Wohnung oder im Garten.
Hat der Hund ein Kommando begriffen, erhöht man die Ablenkung allmählich. Jetzt können Sie mit dem Hund auch im Park zunächst mit Leine und später ohne Leine trainieren.

Achten Sie darauf, daß Sie ein Kommando nur dann geben, wenn Sie sicher sind, den Hund gegebenenfalls sofort korrigieren zu können (→ Übungen exakt ausführen lassen, Seite 30).
Ein Beispiel: Rufen Sie Ihrem Junghund nicht »Sitz« zu, wenn er gerade mit anderen Hunden spielt. Er ist in dieser Situation zu sehr abgelenkt und gehorcht sicher nicht. Auf diese Weise würde der Hund lernen, daß es egal ist, ob er gehorcht oder nicht.

Den Hund »mehrsprachig« erziehen
Die einzelnen Kommandos können Sie dem Hund in verschiedenen »Sprachen« beibringen.
Das bedeutet, Ihr Hund lernt es, bestimmte Übungen sowohl auf verbale Kommandos auf Hörzeichen durch Pfeifsignal (→ Jagdhundedressurpfeife, Seite 31) und auf ein Handzeichen hin auszuführen.
Handzeichen und Pfeifsignale sind sehr praktisch und effektiv, da zum Beispiel ein Pfiff einen oft besseren Erfolg erzielt als das gesprochene Kommando. Außerdem bringen die »verschiedenen Sprachen« mehr Abwechslung ins Training.
Ich gebe Ihnen im folgenden Text zu Beginn der jeweiligen Übung an, ob Handzeichen beziehungsweise Pfeifsignal anwendbar sind und wie Sie beides richtig ausführen.

Das Laufen am Fahrrad muß sorgfältig geübt werden (→ Der Hund als Freizeitpartner, Seite 51).

Das Welpentraining

Der Welpe wird mit viel Geduld und ohne Zwang trainiert. Nach kurzen Übungszeiten müssen Sie ausgiebige Spielpausen für den Welpen einlegen. Dennoch gilt auch beim Welpentraining: während des Übens konsequent bleiben.

Welpen trainiert man am besten durch »positive Konditionierung«. Das heißt, man führt Situationen herbei, in denen der Hund von sich aus das tut, was man von ihm will. Es wird also ohne direkten Zwang und mit viel Geduld gearbeitet (→ »Positive Konditionierung«, Seite 18)

Bei der »Arbeit« mit dem Welpen überwiegt das Spielen. Etwa eine bis zwei Minuten wird geübt, dann folgt wieder eine ausgiebige Spielpause.
Üben Sie mit dem Welpen, bevor er gefüttert wird und nicht, wenn er gerade schlafen will.
Es ist wichtig, daß Sie regelmäßig mit ihm trainieren. Beim Welpen reichen zwei- bis dreimal am Tag zwei bis vier Minuten als Trainingspensum aus.

Der Welpe lernt seinen Namen

Das erste, worauf Ihr Welpe hören muß, ist sein Name. Vielleicht hat ihn sein Züchter schon daran gewöhnt. Dann kennt der Welpe ihn bereits, wenn er zu Ihnen kommt. Wenn nicht, nennen Sie seinen Namen immer in Verbindung mit etwas Positivem, etwa während Sie ihn streicheln oder wenn Sie sein Futter vorbereiten.
So wird er innerhalb kurzer Zeit auf seinen Namen reagieren.

Die Stubenreinheit

Das nächste Lernziel ist die Stubenreinheit.
Grundsätzlich »muß« ein Welpe meist nach jeder Mahlzeit, nach jedem Aufwachen und während des Spielens. Beobachten Sie den Welpen genau, und bringen Sie ihn sofort nach draußen, wenn Sie sehen, daß
• er am Boden schnüffelnd herumläuft oder
• sich im Kreis drehend ein Plätzchen sucht.
Hat er draußen sein »Geschäft« erledigt, loben Sie ihn ausgiebig.
Wenn Sie den Welpen konsequent beobachten und es schaffen, ihn immer rechtzeitig nach draußen zu bringen, ist der Kleine innerhalb von etwa 14 Tagen stubenrein.
Mein Tip: Gewöhnen Sie sich an, jedesmal, wenn der Hund ein »Häufchen« macht, das gleiche zu sagen, etwa »beeil dich«. Damit können Sie erreichen, daß der Hund sein Geschäft quasi auf Befehl verrichtet.
Hinweis: Passiert doch einmal ein Malheur in der Wohnung, strafen Sie den Hund nicht. Beseitigen Sie die Hinterlassenschaft mit einem Spezialmittel (im Zoofachhandel erhältlich). Das Mittel neutralisiert den Geruch und verhindert dadurch, daß der Welpe diesen Platz das nächste Mal wieder aufsucht.

Halsband und Leine anlegen

Die ersten Kommandos übt man mit dem Welpen immer an der Leine. So können Sie ihn jederzeit korrigieren und dem Welpen prägt sich von Anfang an ein, daß es gar keine andere Möglichkeit gibt, als zu gehorchen.
An Leine und Halsband gewöhnen: Vielen Hunden bereitet dies keine Probleme und sie akzeptieren beide Dinge bald.
Günstig ist es, wenn Sie den Welpen zunächst an das Halsband gewöhnen. Legen Sie es ihm zuerst stundenweise

in der Wohnung an. Akzeptiert er das Halsband, nehmen Sie ihn an die Leine. Zuerst wird er sich wahrscheinlich gegen die Einschränkung seiner Freiheit wehren, indem er sich gegen die Leine stemmt.
Tollen Sie dann mit dem angeleinten Hund ein wenig umher oder lassen Sie sich zunächst vom Hund führen.

Die Leinenführigkeit
Sobald der Welpe Leine und Halsband akzeptiert, bringen Sie ihm bei, immer an Ihrer linken Seite zu bleiben (→ Foto, Seite 36).
- Kommando: »Fuß« oder »Bei Fuß«.

Wie geübt wird: Nehmen Sie die Leine in die rechte Hand, zum Korrigieren in beide Hände. Gelobt wird mit der linken Hand.
Der Welpe soll mit seinem Kopf etwa auf Kniehöhe des Besitzers sein, denn nur so kann er später rechtzeitig erkennen, wenn sich Richtung oder Tempo ändern. Das bedeutet, daß der Kopf des Hundes nicht vor oder hinter dem Bein des Trainers sein soll. Ein Leckerle in der linken Hand motiviert den Welpen, an Ihrer linken Seite zu bleiben. Wenn das Hundekind zögert und zurückbleibt, locken Sie es vorwärts. Zieht der Welpe stark nach vorne oder zur Seite, korrigieren Sie ihn mit einem blitzartigen, kurzen Leinenruck so, daß er wieder an der linken Seite landet. Dort wird er dann sofort während des Gehens gestreichelt und gelobt und die Leine hängt wieder locker durch. Auf diese Weise lernt er, daß es an der linken Seite seines Besitzers immer angenehm für ihn ist.
Der kurze Leinenruck ist überaus wichtig. Wird der Hund langsam herangezogen, hält er immer mehr dagegen. Damit erziehen Sie sich einen Hund, der ständig an der Leine zerrt. Das ist später besonders bei großen Hunden sehr unangenehm.
Anfangs geht man mit dem Welpen nur kurze Strecken und nur geradeaus. Erst wenn das klappt, baut man Kurven ein, erst langgezogene und allmählich engere.
Vergessen Sie nicht, immer wieder Spielpausen einzulegen, damit der Welpe nicht überfordert wird.

Das Sitzen
Eine der leichtesten Übungen ist das Sitzen.
- Kommando: »Sitz«.
- Handzeichen: Erhobener rechter Zeigefinger.

Wie geübt wird: Auch diese Übung wird anfangs nur an der Leine geübt. Halten

Der positive Reiz des Hundekuchens veranlaßt den Welpen, sich ins Platz zu legen. Zusätzlich unterstützt man diese Haltung durch Streicheln über den Rücken. (→ Das Ablegen, Seite 38).

Üben der Leinenführigkeit (→ Seite 35).   Der Welpe lernt das »Sitz« (→ Seite 35).

Zu den Fotos:
Der Welpe wird durch postive Anreize, wie etwa einem Hundekuchen, trainiert. Damit veranlassen Sie den Welpen, von selbst das zu tun, was Sie von ihm erwarten.

Sie die Leine in der linken Hand. In der rechten Hand haben Sie entweder ein Leckerle oder die gefüllte Futterschüssel. Der Welpe befindet sich entweder an Ihrer linken Seite oder vor Ihnen.
Geben Sie nun das Kommando »Sitz«. Halten Sie dabei das Leckerle oder die Futterschüssel so, daß der Welpe nach oben schauen muß. Warten Sie solange, bis sich das Hundekind von selbst setzt, denn so kann es bequemer nach oben sehen.
Sitzt der Hund, wartet man einen Moment, bevor der Kleine sein Futter erhält. Außerdem wird er natürlich ausgiebig gelobt und gestreichelt. Zweckmäßigerweise lobt man den Hund für das Sitzen durch Kraulen seiner Brust. Dadurch wird die Sitzhaltung unterstützt. Streicht man ihm nämlich über den Rücken, kann es sein, daß der Welpe sich hinlegt.

Hat der Welpe das Kommando »Sitz« verstanden, gibt man nur noch ab und zu ein Leckerle, denn letztlich wollen Sie sicher keinen Hund, der nur dann gehorcht, wenn er Hunger hat.
Sollte die Methode, dem Hund mittels freßbarer Belohnung das Sitzen beizubringen, nicht funktionieren, gibt es noch eine andere Möglichkeit. Dazu geht man rechts neben dem Welpen in die Hocke und nimmt die Leine mit der rechten Hand ganz kurz. Mit der linken Hand drückt man nun, während man das Kommando gibt, die Kruppe des Welpen sanft, aber bestimmt herunter. Auch hier das Loben nicht vergessen!
<u>Training auf Handzeichen:</u> Üben Sie es gleichzeitig mit dem Kommando. Während Sie das Kommando »Sitz« aussprechen, zeigen Sie ihm jedesmal den erhobenen rechten Zeigefinger.

Dies wird er bald verknüpfen und sich nach kurzer Zeit allein auf das Sichtzeichen hin setzen.

Wann geübt wird: Lassen Sie den Welpen immer sitzen, wenn er an- oder abgeleint werden soll. Zu seiner eigenen Sicherheit ist es wichtig, daß der Vierbeiner nach dem Ableinen nicht sofort losstürmt. Er muß so lange sitzen bleiben, bis man ihn mit einem extra Signal, etwa »jetzt lauf«, losschickt. Den Welpen läßt man jedoch nur wenige Sekunden warten.

Üben Sie das »Sitz« auch bei seinen Mahlzeiten. Der Welpe muß sich auf Ihr Kommando hin setzen. Wenn Sie den Napf auf den Boden stellen, muß er warten, bis er fressen darf. Fordern Sie ihn mit einem bestimmten Wort zum Beispiel »jetzt friß« dazu auf. Lassen Sie den Welpen aber nur wenige Sekunden warten.

Auch während des Gehens »bei Fuß« wird das Sitzen geübt. Hält man an, soll sich der Hund sofort setzen. Dazu nimmt man die Leine kurz vor dem Stop in die linke Hand und verkürzt sie stark.

Bitte dabei nicht vergessen, das Kommando »Sitz« zu geben.

Das Hereinkommen

Eines der wichtigsten Dinge, die Ihr kleiner Vierbeiner lernen muß, ist, immer und überall sofort zu kommen, wenn er gerufen wird. Diese Lektion muß bereits im frühen Welpenalter trainiert werden, wenn sie später einen zuverlässig gehorchenden Hund haben möchten.

- Kommando: »Hier«
- Pfeifsignal: Zweimal kurz auf der schmalen Seite der Jagdhundedressurpfeife (Doppelpfiff).

Wie und wann geübt wird: Dies ist die einzige Übung, die nicht an der Leine trainiert werden kann. Deshalb darf der Hund hier nie die Möglichkeit haben, das Kommando zu »überhören«.

Am besten beginnt man mit dieser Übung in Verbindung mit dem Füttern. Während Sie sein Futter bereiten, rufen Sie den Welpen mit seinem Namen und dem Kommando »Hier«. Möchte der Hund schon vorher in die Küche, sollte ihn ein anderes Familienmitglied festhalten, bis der Ruf ertönt. Ist der Welpe dann in der Küche angekommen, wird er überschwenglich begrüßt und gelobt. Erst wenn dies einige Male gut geklappt hat, verlegt man die Übung ins Freie. Üben Sie am besten im Garten, denn hier wird der Welpe nicht zu sehr abgelenkt.

Geben Sie das Kommando nur dann, wenn Sie absolut sicher sind, daß der Hund kommt. Also rufen Sie ihn zum Beispiel, wenn er sowieso gerade zu Ihnen unterwegs ist. Diese Situation ergibt sich etwa, wenn er ein paar Meter entfernt dahinläuft, Sie seinen Namen rufen und sich dabei gleichzeitig in entgegengesetzter Richtung entfernen. Um den Anschluß nicht zu verlieren, wird

Erste Übung zum Ablegen (→ Seite 38).

der Welpe Ihnen folgen (→ Seite 23). Jetzt, während er zu Ihnen unterwegs ist, nennen Sie das Kommando »Hier«. Loben bitte nicht vergessen!
Rufen Sie ihn dagegen auf keinen Fall, wenn er zum Beispiel begeistert in einem Mauseloch wühlt. In solchen Situationen gehen Sie einfach zum Hund und holen ihn.
Training auf Pfiff: Es erfolgt, wenn der Welpe das verbale Kommando verstanden hat. Sie sprechen also zunächst den verbalen Befehl wie oben beschrieben und pfeifen danach mit der schmalen Seite der Jagdhundedressurpfeife zweimal kurz hintereinander den sogenannten »Doppelpfiff«. Bald wird der Welpe auch allein auf den Pfiff reagieren.

Das Ablegen
Diese Übung bereitet den Welpen darauf vor, später so lange an einem Platz liegen zu bleiben, bis er wieder abgeholt wird (→ Seite 47).
• Kommando: »Platz«.
• Handzeichen: Abwärtsbewegung der rechten Hand.

Zeichnung unten: Mit nach unten gehaltenem Futternapf und auf das Kommando »Hier« eilt der Junghund freudig zu seinem Frauchen. (→ Das Hereinkommen, Seite 37).

• Pfeifsignal: Langgezogener Pfiff auf der breiten Seite der Jagdhundedressurpfeife.
Wie und wann geübt wird: Wichtig ist, daß der Welpe bereits die Übung »Sitz« beherrscht (→ Seite 35). Sie sollten ihn nämlich nie direkt aus dem Ablegen aufstehen, sondern immer erst sitzen lassen. Nehmen Sie ein Leckerle in die rechte, die Leine in die linke Hand. Lassen Sie den Hund an Ihrer linken Seite sitzen und gehen Sie neben ihm in die Hocke. Die Leine wird mit der linken Hand vor dem Hund am Boden so festgehalten, daß sie straff ist, wenn der Welpe sitzt. Führen Sie nun die rechte Hand mit dem Leckerle von oben an der Hundenase vorbei nach unten auf den Boden, und zwar ein wenig entfernt vom Hund. Gleichzeitig geben Sie das Kommando »Platz«.
Der Welpe wird sich nun hinlegen, um an die Belohnung zu gelangen. Wenn er mit Vorderkörper und Hinterteil am Boden ist, bekommt er das Leckerle. Nun wird er ausgiebig gelobt und über den Rücken gestreichelt. So wird diese Haltung noch unterstützt. Nach kurzer Zeit läßt man ihn wieder sitzen.
Training auf Handzeichen: Bewegen Sie während des verbalen Kommandos ihre rechte Hand abwärts. So lernt der Welpe das Handzeichen gleich mit.
Training auf Pfeifsignal: Beherrscht der Welpe das »Platz«, kann man auch hier einen Pfiff trainieren.
Dazu verwenden Sie die breite Seite der Jagdhundedressurpfeife, also den Trillerpfiff. Zuerst sagt man das Kommando oder zeigt das Handzeichen. Anschließend ertönt ein langgezogener Pfiff. Nach einer gewissen Zeit sollte sich der Welpe auch auf den Pfiff allein hin ins »Platz« legen.
Mit diesem Pfiff trainieren Sie den Hund später darauf, sich auch in einiger Entfernung von Ihnen sofort ins »Platz«

zu legen. Der Pfiff kann als eine Art Notbremse fungieren, wenn der Hund zum Beispiel eine Katze in Richtung auf eine Hauptstraße verfolgt. Legt sich der Hund auf den Pfiff sofort ins »Platz«, so ist der Sichtkontakt zur Katze unterbrochen, und er wird ihre weitere Verfolgung unterlassen.

Wichtig ist es daher, daß sich der Welpe auf den Pfiff hin sofort ins »Platz« legt, allerdings jetzt noch direkt neben seinem Besitzer.

Auch bei der Platzübung baut man die freßbaren Belohnungen mit der Zeit wieder ab.

Das Alleinebleiben

Für den Hund ist es am schönsten, wenn er sein »Rudel« möglichst überallhin begleiten darf. Manchmal gibt es aber Situationen, in denen es unumgänglich und besser ist, den Hund zuhause zu lassen. Deshalb ist es notwendig, dem Hund beizubringen, auch einige Stunden alleine zu bleiben, ohne daß er heult und jault oder sich an der Einrichtung zu schaffen macht.

Einem Hund, der richtig daran gewöhnt wird, macht das vorübergehende Alleinsein nichts aus. Es wirkt sich sogar positiv auf die Bindung aus, da sich der Hund um so mehr über die Rückkehr seiner »Rudelmitglieder« freut, wenn er einige Zeit alleine war.

Grundsätzlich ist es allerdings für einen Welpen artwidrig, wenn er allein gelassen wird.

In freier Wildbahn sind die Welpen bis zum Alter von etwa vier bis fünf Monaten immer in der näheren Umgebung des Baus und nie allein. Deshalb sollte man mit der Gewöhnung nicht beginnen, bevor der Welpe vier Monate ist. Ein zu frühes Alleinlassen kann beim Welpen schwere Verlassensängste auslösen, die sich zum Beispiel durch Heulen oder Zerstören von Einrichtungsgegenständen äußern können. Manchmal treten solche Störungen auch erst später auf, die Ursachen liegen jedoch meist im Welpenalter.

Planen Sie also die Anschaffung eines Hundes auf jeden Fall so, daß die ersten vier Monate immer jemand bei ihm sein kann. Ab diesem Alter werden die Junghunde schon selbständiger, in freier Wildbahn beginnen sie allmählich, das Rudel auf den Beutezügen zu begleiten. Sie jagen jedoch noch nicht selbst, sondern werden meist an einem Platz abgelegt, von wo aus sie das Geschehen beobachten können.

<u>Wie geübt wird:</u> Am besten beginnt man mit der Gewöhnung ans Alleinsein, wenn der Welpe sich gerade in einer wenig aktiven, also in einer Ruhephase befindet.

*Zeichnung links:
Wird der Futternapf hochgehalten und gleichzeitig das Kommando »Sitz« gegeben, lernt der Junghund schnell den Befehl zu befolgen (→ Das Sitzen, Seite 35).*

Gehen Sie zu Ihrem Vierbeiner und sagen Sie ihm etwas, was Sie ihm ab sofort jedesmal sagen, bevor Sie ihn verlassen. Sie können ihm auch etwas zum Knabbern geben, damit er bei Bedarf eine Beschäftigung hat.

Gehen Sie nun kurz aus der Wohnung, etwa, um etwas aus dem Keller zu holen. Es sollten aber höchstens zwei oder drei Minuten vergehen, bis Sie wieder zurückkommen. Begrüßen Sie den Hund kurz, wenn Sie wieder in der Wohnung sind. Beginnt er in Ihrer Abwesenheit anhaltend zu jaulen, gehen Sie zu ihm und schimpfen Sie mit ihm (→ Tadel, Seite 28).

Verlassen Sie die Wohnung dann noch einmal, aber nur sehr kurz. Allmählich verlängert man die Zeitspanne, die der Hund alleine bleibt. Als »Erwachsener« ist er dann in der Lage, auch mal einen halben Tag alleine zu bleiben, falls dies ausnahmsweise erforderlich ist.

Das Autofahren
Auch daran gewöhnen Sie am besten schon den Welpen. Die meisten Hunde sind begeisterte Mitfahrer, aber als Welpe ist ihnen das Autofahren oft noch etwas unheimlich. Die sichersten Plätze für den Hund sind, je nach Größe, der Fußraum auf der Beifahrerseite und bei Kombifahrzeugen die Ladefläche im Heck. Wichtig ist hier, daß das Heck vom Fahrgastraum durch ein spezielles Netz oder Gitter getrennt ist, damit der Hund bei einem Unfall nicht zum »Geschoß« wird (→ Zeichnung, Seite 46).

Auch auf der Rückbank können Sie Ihren Vierbeiner unterbringen. Allerdings nur, wenn er durch einen speziellen Hundesicherheitsgurt gesichert ist.

Wie geübt wird: Nehmen Sie den Welpen anfangs nur auf kurzen Fahrten mit. Dabei sollte immer jemand mitfahren, der sich während der Fahrt um den Hund kümmern kann. Der Welpe sollte einige Stunden vor der Fahrt nicht gefüttert werden.

Grundsätzlich gilt bei Autofahrten mit dem Hund:
- Der Hund steigt als erster ein.
- Er steigt als letzter aus.
- Im Lauf der Zeit sollte er lernen, auch bei geöffneten Türen so lange im Auto sitzen zu bleiben, bis er die »Erlaubnis« zum Aussteigen bekommt (→ Zeichnung, Seite 46).

Spezialausbildungen
Ein Hund, der später einmal eine Spezialausbildung erhalten soll, muß schon im Welpenalter mit einigen Dingen vertraut gemacht werden. Dazu gehört bei Jagdhunden etwa die Gewöhnung an das Wasser und an Wild oder das Vertrautmachen mit dem Apportieren. Das Apportieren macht aber auch »normalen« Hunden oft sehr viel Spaß. Deshalb hier einige Tips, wie Sie das Apportieren fördern:
- Loben Sie Ihren Welpen jedesmal, wenn er Ihnen irgendwas zuträgt, sei es

Das Apportieren ist die Leidenschaft vieler Hunde (→ Seite 40).

Freudig kommt der Boxerwelpe auf Zuruf zu seinem Frauchen (→ Seite 37).

auch noch so unappetitlich oder etwas, das er eigentlich nicht haben dürfte.
• In dem Moment, wo er Ihnen etwas bringt, sollten Sie ihn niemals tadeln.
• Animieren Sie ihn durch Locken oder Weglaufen dazu, Ihnen das Apportel in die Hand zu bringen.

Gutes Benehmen will gelernt sein
Zwei Dinge empfinden viele Menschen bei Hunden als Unarten:
• Das Hochspringen an Menschen und
• das Betteln am Tisch.
Damit der Hund diese Verhaltensweisen später nicht zeigt, muß er schon von klein auf entsprechend erzogen werden.
Das Hochspringen an Menschen: Der Hund tut dies aus natürlichem Verhalten heraus. Welpen und rangniedrige Caniden begrüßen ranghöhere Rudelmitglieder dadurch, daß sie deren Schnauzen ablecken. Genau das versucht der Welpe auch bei Ihnen. Doch man ist nicht immer in hundegerechter Kleidung unterwegs und es ist nicht jedermanns Sache, die Vorderpfoten etwa einer Deutschen Dogge auf den Schultern zu haben. Deshalb sollte man bereits die Freundlichkeit des Welpen in geordnetere Bahnen lenken.
Am besten beugt man sich zur Begrüßung zum Welpen hinunter. Halten Sie ihn mit beiden Händen fest und sprechen Sie freundlich auf ihn ein. Sobald er auf Kommando sitzen kann, wird der sitzende Hund von Ihnen oder Besuchern begrüßt.
Folgende Methode ist für schon etwas größere, ungestüme Jünglinge geeignet. Wenn der Hund sich anschickt, an Ihnen hoch zu springen, heben Sie das Knie des rechten oder linken Beines. So wird er etwas unsanft auf den Boden

zurückbefördert. Begrüßen Sie ihn jetzt überschwenglich.

Wichtig ist, daß konsequent bei jeder Begegnung so verfahren wird und daß sich niemand anspringen läßt. Sonst wird der Erfolg dieser Übung in Frage gestellt.

Betteln am Tisch: Richtig ist es, dem Hund von Anfang an konsequent nichts vom Tisch zu füttern. So kommen die meisten Hunde gar nicht auf die Idee zu betteln.

Abgesehen davon, daß dieses Verhalten unangenehm ist, sind menschliche Speisen im allgemeinen für Hunde ungesund.

Ein gut erzogener Hund liegt, während seine Familie ißt, entweder ruhig auf seinem Platz oder unter dem Tisch. Wer der Meinung ist, er könnte seinem Hund das Betteln abgewöhnen, indem er ihm wenigstens ab und zu einmal einen Happen gibt, erreicht genau das Gegenteil. In Zukunft wird bei jeder Mahlzeit ein sabbernder oder winselnder Hund Position neben dem Tisch beziehen.

Dieses Verhalten zeigt der vierbeinige Hausgenosse dann natürlich nicht nur zuhause, sondern auch in der Wohnung von Bekannten oder im Restaurant. Falls sich Ihr Hund das Betteln schon angewöhnt hat, und Sie es als lästig empfinden, schicken Sie ihn immer, wenn Sie essen, konsequent auf seinen Platz. Vergessen Sie aber nicht, ihn dort wieder abzuholen.

Die Sache mit den Hundehäufchen

Hundebesitzer ziehen häufig den Ärger von Spaziergängern und Passanten auf sich, wenn Sie Ihren Hund sein »Geschäft« auf öffentlichen Flächen verrichten lassen. Bürgersteige, öffentliche Parks und Kinderspielplätze sollten selbstverständlich tabu sein. Hier ist also die gute Erziehung des Hundebesitzers selbst gefragt. Wer keinen eigenen Garten hat, sollte wenigstens die Hinterlassenschaften seines Hundes beseitigen. Schon lange gibt es dafür praktische Sets zu kaufen, die aus einer Tüte und einer Schaufel bestehen (im Zoofachhandel erhältlich).

Spielen hält den Hund körperlich fit und geistig in Form bis ins hohe Alter. Das »Ziehspiel« lieben fast alle Hunde.

Das Begleithundetraining

Mit etwa sechs Monaten kann Ihr Junghund bereits sehr gut zwischen Spiel und Arbeit unterscheiden. Jetzt ist er in der Lage, sich auch etwas länger zu konzentrieren. Nun geht das Welpentraining allmählich in das Begleithundetraining über. Die Anforderungen werden höher, die Übungszeiten allmählich länger. Der tägliche Zeitaufwand für die Übungen steigert sich auf etwa eine Stunde. Zur Auflockerung legt man aber immer noch kleine Spielpausen ein.

Üben Sie regelmäßig mit Ihrem »Schüler« und erhöhen Sie die Anforderungen immer erst dann, wenn die vorangegangenen Übungen vom Hund voll verstanden wurden.

Im folgenden Trainingsteil finden Sie alle Übungen und Kommandos, die ein Familien- und Begleithund beherrschen sollte. Selbstverständlich eignet sich das Training auch für Hunde, die schon älter als ein halbes Jahr sind.

Zunächst wird jede einzelne Übung vom Anfänger- bis zum Fortgeschrittenenniveau geschildert.

Nach dem Übungsteil schließt sich ein Trainingsplan an, der Ihnen zeigt, wie die einzelnen Schritte logisch aufgebaut werden.

Grundstellung

Jede Übungsstunde beginnt und endet mit der Grundstellung.
Dies bedeutet, der Hund sitzt zu Beginn und am Ende einer Übung immer an Ihrer linken Seite, nicht schräg davor oder hinter Ihnen. Die Grundstellung hilft dem Hund, sich auf das Üben zu konzentrieren.

1. Das Sitzen

Ziel der Sitzübung ist es, daß sich der Hund auf Kommando sofort setzt und so lange in dieser Stellung bleibt, bis er entweder abgerufen oder abgeholt wird.
• Kommando: »Sitz«, »Sitz und Bleib«,
• Handzeichen: Erhobener rechter Zeigefinger.

So wird das Halsband richtig angelegt.

Erste Lernstufe (1a): Wer kein Welpentraining mit seinem Hund gemacht hat, beginnt die Übung wie auf Seite 35 beschrieben. Der Hund wird über die positive Konditionierung motiviert (→ Seite 18). Allerdings kann es bei älteren Hunden sein, daß dies nicht mehr so gut funktioniert. Wenden Sie dann folgende Methode an:
Der Hund befindet sich an Ihrer linken Seite (Grundstellung). Halten Sie den

Hund mit der rechten Hand am Halsband fest. Drücken Sie jetzt mit der linken seine Kruppe sanft, aber bestimmt in Richtung Boden. Geben Sie währenddessen das Kommando »Sitz«. Anschließend das Tier loben!

Am Ende dieses Abschnitts sollte der angeleinte Hund das einmalige Kommando »Sitz« sofort befolgen. Erst dann folgt die nächste Übung.

<u>Zweite Lernstufe (1b):</u> Als nächstes lernt Ihr Hund schrittweise, alleine sitzen zu bleiben und so lange zu warten, bis er abgerufen oder abgeholt wird. Dazu geht man mit dem Hund einige Schritte »bei Fuß« (→ Seite 35), bleibt dann stehen und läßt ihn wie gewohnt sitzen. Nun sagen Sie Ihrem Schüler »Sitz und Bleib« und treten vor den Hund, soweit es die Leine, die noch nicht in der Länge verstellt ist, erlaubt.

Zur Unterstützung zeigen Sie dem Hund das Handzeichen für das Sitzen (erhobener rechter Zeigefinger). Ganz wichtig ist, darauf zu achten, daß die Leine locker durchhängt. Spürt der Hund nämlich eine Zugwirkung, veranlaßt ihn das womöglich aufzustehen. Dies wäre einer der typischen Fehler, bei denen der Hund nichts dafür kann.

Achten Sie auch darauf, daß der Hund exakt an der Stelle bleibt, an der Sie ihn haben sitzen lassen. Korrigieren Sie ihn, auch wenn er nur wenige Zentimeter rutscht.

Lassen Sie Ihren vierbeinigen Schüler anfangs nur ganz kurze Zeit sitzen und gehen Sie dann zu ihm zurück, und zwar so, daß er wieder an Ihrer linken Seite sitzt. Und jetzt das Loben nicht vergessen!

Allmählich wird die Zeitspanne, die der Hund alleine sitzen bleibt, länger.

Grundstellung (→ Seite 43).

Das Kommando »Platz« (→ Seite 47).

Gehen Sie jedoch immer zum Hund zurück, bevor er unruhig wird und aufsteht, ansonsten müssen Sie die Übung wiederholen.

Dritte Lernstufe (1c): Für den nächsten Schwierigkeitsgrad wird die Leine um einen Ring verlängert. Verfahren Sie genauso wie unter der zweiten Lernstufe beschrieben. Nur bleiben Sie jetzt nicht vor dem Hund stehen, sondern gehen langsam vor ihm hin und her. Klappt auch das, folgt die nächste Stufe.

Vierte Lernstufe (1d): Nun wird die Leine maximal verlängert. Nach dem Kommando »Sitz« umkreisen Sie Ihren Hund langsam im größtmöglichen Abstand. Achten Sie wieder besonders darauf, daß die Leine durchhängt und korrigieren Sie den Hund sofort, falls er seinen Platz verläßt.

Fünfte Lernstufe (1e): Jetzt legen Sie die Leine zum erstenmal aus der Hand. Verfahren Sie dazu wie bisher und gehen Sie, die Leine noch in der Hand, so weit wie möglich vom Hund weg.
Legen Sie nun die Leine auf den Boden und beginnen Sie, den Hund zu umkreisen. Behalten Sie ihn dabei im Auge und verwenden Sie im Falle eines Falles die am Boden liegende Leine als Notbremse.

Sechste Lernstufe (1f): Den letzten Schliff erhält Ihr Vierbeiner nun dadurch, daß Sie jetzt unter immer mehr Ablenkung üben, etwa neben einem Spazierweg oder in einer Fußgängerzone. Der Hund sollte jetzt auch ganz ohne Leine sitzen bleiben. Zur Sicherheit können Sie sie aber anfangs noch auf den Boden legen.

2. Die Leinenführigkeit und die Freifolge

Der Hund lernt, an lockerer Leine, später auch frei, an Ihrer linken Seite zu bleiben, selbständig auf Richtungs- und

Zu den Fotos:
Die Grundelemente der Begleithundeausbildung sind das Sitzen, das Ablegen und die Leinenführigkeit.
Diese Übungen mit ihren verschiedenen Schwierigkeitsgraden können Sie trainieren, wenn Ihr Hund etwa sechs Monate alt ist.

So geht der Hund richtig »Bei Fuß« (→ Leinenführigkeit, oben).

Tempowechsel zu achten sowie sich automatisch zu setzen, wenn Sie anhalten.
- Kommandos: »Fuß« oder »Bei Fuß«.

Erste Lernstufe (2a): Begonnen wird das Bei-Fuß-Gehen aus der Grundstellung. Der Hund sitzt also an Ihrer linken Seite. Geben Sie nun das Kommando »Fuß« oder »Bei Fuß« und gehen Sie relativ zügig los. Falls Sie kein Welpentraining gemacht haben, versuchen Sie, den Hund anfangs durch ein Leckerle, das Sie in der linken Hand halten, zu motivieren, an der richtigen Stelle zu bleiben.

Bleibt der Hund zurück und zögert, muntern Sie ihn auf mitzukommen. Neigt Ihr Schüler dazu, an der Leine zu zerren, »rufen« Sie ihn durch einen kurzen Leinenruck wieder zur Ordnung (→ Seite 35). Bei einem größeren Hund muß man dafür natürlich etwas mehr Kraft aufwenden. Aber nur durch diesen energischen, kurzen Leinenruck lernt der Hund, ordentlich bei Fuß zu gehen. Befindet er sich danach wieder an der richtigen Stelle, läßt die Zugwirkung sofort nach (Halsband richtig anlegen! → Zeichnung, Seite 43). Die nachlassende Zugwirkung und Ihre Stimme bilden das Lob für richtiges Gehen.

Hilfreich bei dieser Übung ist es, an einer Begrenzung, etwa einem Zaun, entlang zu gehen, und zwar so, daß der Hund sich zwischen Zaun und Ausbilder befindet. Gehen Sie anfangs nur kurze Strecken und nur geradeaus. Gelegentlich bleiben Sie stehen und lassen den Hund sitzen.

Haben Sie bereits mit dem Welpen geübt, können Sie auch schon Kurven einbauen. Wenn Sie die Übung beenden, achten Sie darauf, daß der Hund nach dem Ableinen so lange sitzen bleibt, bis er die Erlaubnis zum Aufstehen bekommt. Er darf nicht einfach losstürmen.

Zweite Lernstufe (2b): Hat Ihr Vierbeiner verstanden, was »Bei Fuß« bedeutet, beginnen Sie, Tempoänderungen einzubauen. Wechseln Sie dabei immer vom Normaltempo in eine schnellere oder langsamere Gangart. Anders wäre es für den Hund zu schwierig.

Üben Sie jetzt auch Richtungsänderungen, in dem Sie Schlangenlinien oder Achten gehen. Korrigieren Sie den Hund bei Bedarf mittels Leinenruck, wie bereits beschrieben und vergessen Sie nicht, ihn für sein richtiges Verhalten zu loben.

Dritte Lernstufe (2c): Als nächstes üben Sie das Umkehren, also eine Drehung um 180 Grad. Man kann die Kehrtwendung so machen, daß der Hund dabei immer an der linken Seite bleibt. So ist es aber für den Hund oft nicht so leicht zu erkennen, daß man jetzt umkehrt. Deshalb gibt es noch eine andere Möglichkeit, die zwar anfangs sehr kompliziert wirkt, aber letztendlich flüssiger ist (→ Fotos, Seite 52 und 53).

In einem Kombi ist der Hund am besten im Heck untergebracht.

Sie gehen mit Ihrem Hund bei Fuß. Wollen Sie nun umkehren, nehmen Sie die Leine nur in die rechte Hand und drehen sich nach links, also zum Hund. Wechseln Sie nun auf dem Rücken die Leine in die linke Hand und gehen Sie in die umgekehrte Richtung weiter. Nun ist Ihr Hund wieder an Ihrer linken Seite. Haben Sie das ein paar Mal geübt, ist es ganz einfach.

Bei den Richtungsänderungen werden nun aus den Schlangenlinien rechte Winkel nach links und rechts. Besonders bei den Rechtswendungen sollten Sie darauf achten, daß der Hund korrekt mitgeht. Korrigieren Sie ihn gegebenenfalls mit dem bekannten Leinenruck, aber ziehen Sie ihn nicht hinter sich her.

<u>Vierte Lernstufe (2d):</u> Ihr Schüler ist jetzt soweit, daß er schön bei Fuß geht, auf Richtungs- und Tempoänderungen reagiert und sich setzt, wenn Sie anhalten.

Beginnen Sie jetzt, unter Ablenkung, zum Beispiel in der Stadt oder in einem Park zu üben.

<u>Fünfte Lernstufe (2e):</u> Nun kommen wir zur Freifolge. Das heißt, alle Übungen von der ersten bis zur vierten Lernstufe werden jetzt ohne Leine absolviert. Beginnen Sie damit aber erst, wenn der Hund sozusagen perfekt an der Leine geht. Ist der Hund unangeleint, gibt es nicht mehr viele Möglichkeiten, auf ihn einzuwirken. Ihn dann dauernd zu korrigieren, indem man mit der Hand das Halsband faßt, ist nicht ratsam. Viele Hunde weichen so eher aus. Es ist auch nicht »praxisnah«, ihn unangeleint nur durch dauerndes Zureden bei Fuß halten zu können. Also, wenn Sie merken, daß die Freifolge nicht so ganz klappt, nehmen Sie den Hund wieder an die Leine und probieren Sie es später wieder.

3. Das Ablegen

Diese Übung ist zweifach sinnvoll. Zum einen können Sie den Hund, wenn nötig, auch einmal eine Viertelstunde oder länger an einem Platz ablegen. Zum anderen läßt er sich so auch in einiger Entfernung stoppen.

- Kommando: »Platz«.
- Handzeichen: Der sich von oben nach unten bewegende rechte Arm.
- Pfeifsignal: Langer Pfiff mit der breiten Seite der Pfeife.

<u>Erste Lernstufe (3a):</u> Verfahren Sie so, wie im Welpentraining bei der Übung »Das Ablegen«, Seite 38 beschrieben. Wenden Sie auch Handzeichen und Pfeifsignal entsprechend an.

Eine andere Übungsmethode ist folgende: Der Hund sitzt an Ihrer linken Seite. Gehen Sie neben ihm in die Hocke und ziehen Sie die Leine nach unten vorne. Gleichzeitig drücken Sie mit der linken Hand den Widerrist des Hundes nach unten und sagen »Platz«.

Liegt er dann im »Platz«, streicheln Sie Ihrem Vierbeiner über den Rücken, während Sie das Kommando ein paar Mal wiederholen. Nach kurzer Zeit beenden Sie diese Übung, indem Sie den Hund wieder sitzen lassen. Haben Sie Ihrem Hund bereits als Welpe das »Platz« beigebracht, verlängern Sie nun die Zeit, in der er im »Platz« bleiben muß.

<u>Zweite Lernstufe (3b):</u> Nun folgen schrittweise die Übungen zum Ablegen. In der ersten Phase verfahren Sie analog zur Übung »Sitz und Bleib« (→ Seite 44). Der Hund wird von der Grundstellung aus ins »Platz« gelegt und Sie treten ein Stück vor den Hund.

Wie bei den Sitz-Übungen muß auch hier darauf geachtet werden, daß die Leine immer locker durchhängt und der Hund genau an seinem Platz liegen bleibt. Wie er dort liegt, ist egal. Er kann sich auf die Seite legen oder von einer auf die andere Seite drehen. Nur

Beim Training ist es wichtig, die Übungen systematisch aufzubauen und den Hund nicht zu überfordern. Erhöhen Sie die Anforderungen erst, wenn der Hund die vorangegangenen Übungen sicher beherrscht.

»Sitz und Bleib«. Der Hund lernt, alleine sitzen zu bleiben (→ Das Sitzen, Seite 43).

aufstehen und robben darf er nicht. Wenn Sie den Hund wieder abholen, gehen Sie so zu ihm, daß er an Ihrer linken Seite liegt. Er bleibt nun so lange im »Platz«, bis Sie ihn sitzen lassen.
Dritte Lernstufe (3c): Als nächstes erweitern Sie die Länge der Leine um einen Ring und gehen vor dem abgelegten Hund hin und her.
Vierte Lernstufe (3d): Nun wird die Leine maximal verlängert. Nach dem Kommando »Sitz« umkreisen Sie Ihren Hund langsam im größtmöglichen Abstand. Achten Sie wieder besonders darauf, daß die Leine durchhängt und korrigieren Sie den Hund sofort, falls er seinen Platz verläßt.
Fünfte Lernstufe (3e): Legen Sie nun die Leine auf den Boden.
Sechste Lernstufe (3f): Wenn alles geklappt hat, wird unter Ablenkung zum Beispiel im Park und ohne Leine geübt.

Dehnen Sie die Zeitspanne, die der Hund liegt, allmählich auf einige Minuten aus.

4. Ablegen außer Sicht
Bleibt Ihr vierbeiniger Schüler brav liegen, wenn Sie in Sichtweite sind, lernt er nun allmählich, auch alleine eine Zeitlang liegen zu bleiben. Zur Unterstützung kann man sich angewöhnen, dem abgelegten Hund ein Kleidungsstück von Frauchen beziehungsweise Herrchen dazu zu legen. So hat er den vertrauten Geruch um sich und das Liegenbleiben fällt ihm leichter.
• Kommando: »Platz und Bleib«
Erste Lernstufe (4a): Ihr Hund ist ja schon gewohnt, einige Minuten liegen zu bleiben, während Sie in Sichtweite sind. Legen Sie ihn jetzt irgendwo in der Wohnung mit dem Kommando »Platz und Bleib« ab und bewegen Sie

Zu den Fotos:
Bei den ersten Lernstufen der Übungen »Sitz und Bleib« (→ Seite 43) und »Platz und Bleib« (→ Seite 48) bleibt der Hund angeleint. Dabei ist es wichtig, daß die Leine immer locker durchhängt.

»Platz und Bleib«. Der Hund lernt, abgelegt zu werden (→ Ablegen, Seite 48).

sich durch die Zimmer. So sieht der Hund Sie ab und zu und zwischendurch sind Sie außer Sichtweite. Behalten Sie ihn im Auge, damit Sie ihn gegebenenfalls korrigieren können. Nach etwa zwei Minuten holen Sie ihn wieder ab.
<u>Zweite Lernstufe (4b):</u> Legen Sie den Hund wie gewohnt innerhalb der Wohnung oder im Garten ab und begeben Sie sich außer Sichtweite. Der Hund soll Sie nicht sehen, Sie sollten den Hund aber beobachten können. Nach einigen Minuten holen Sie ihn ab.
Falls er vorher aufsteht, gehen Sie schnell zu ihm und legen ihn mit deutlichem Kommando noch einmal ab. Gehen Sie, wenn möglich, noch einmal kurz weg. Bleibt der Hund nicht alleine liegen, legen Sie ihn in Sichtweite ab.
<u>Dritte Lernstufe (4c):</u> Dehnen Sie nun die Zeitspanne immer weiter aus, bis der Hund etwa zehn bis fünfzehn Minuten liegen bleibt. Legen Sie ihn jetzt auch außerhalb von Wohnung und Garten ab, aber noch ohne Ablenkung zum Beispiel auf einer einsamen Wiese.
<u>Vierte Lernstufe (4d):</u> Läßt sich Ihr Hund problemlos einige Minuten alleine ablegen, beginnen Sie, das Ablegen mit Ablenkung zu trainieren. Legen Sie ihn zum Beispiel an einem Wegrand ab, wo einige Spaziergänger vorbeigehen und verstecken Sie sich hinter einem Baum.

5. Das Hereinkommen
Unser Hund lernt nun, auf das Kommando »Hier«, bzw. den Doppelpfiff (→ Seite 38) freudig zu uns zu kommen und sich vor uns zu setzen. Auf das Kommando »Fuß« geht er anschließend hinten um seinen Trainer herum, so daß er wieder an dessen linker Seite sitzt.
• Kommandos: »Hier« und »Fuß«.
• Pfeifsignal: Zweimal kurzer Pfiff auf

der schmalen Seite der Jagdhundedressurpfeife (Doppelpfiff).

Hinweis: Wer mit seinem Hund das Welpentraining absolviert hat, hat ihm den Sinn des Kommandos »Hier« bereits vermittelt (→ Seite 37). Nur das exakte Vorsitzen muß noch geübt werden. Beachten Sie, daß, wenn Sie den Hund während des Spaziergangs mit diesem Kommando zu sich rufen, diese Übung vollständig und exakt ausgeführt wird. Nur so kann man dem Hund angewöhnen, auch jedes Mal ganz her zu kommen.

Erste Lernstufe (5a): Beginnen Sie mit der weiterführenden Übung, wenn der Vierbeiner gelernt hat, alleine sitzen zu bleiben. Gehen Sie nun in gerader Linie so weit weg, wie es die Leine maximal zuläßt. Sie muß aber durchhängen. Wenden Sie sich dem Hund zu und warten Sie einige Sekunden, bevor Sie das Kommando »Hier« geben.
Kennt er das Kommando noch nicht und zögert er, locken Sie Ihren Schüler und ziehen gleichzeitig leicht an der Leine. Ist er nun unterwegs zu Ihnen, verkürzen Sie die Leine schnell so, daß er nicht an Ihnen vorbei laufen kann. Wenn er bei Ihnen angekommen ist, lassen Sie ihn vorsitzen, das heißt er sitzt direkt vor Ihnen und schaut Sie an. Hält man die erste Zeit ein Leckerle etwa in Bauchhöhe in der Hand, erleichtert das dem Hund das exakte Vorsitzen.

Anschließend beenden Sie die Übung, wie oben beschrieben.

Zweite Lernstufe (5b): Die nächste Steigerung ist, die eben beschriebene Übung ohne Leine zu absolvieren. Achten Sie darauf, daß der Hund nicht sofort losstürmt, wenn Sie sich zu ihm umdrehen.

Neigt Ihr Hund dazu, lassen Sie ihn ein oder zwei Minuten warten, bevor Sie ihn mit dem Kommando »Hier« zu sich rufen. Um das Sitzen zu festigen, können Sie ihn auch ab und zu abholen, statt ihn abzurufen.

Dritte Lernstufe (5c): Gewöhnen Sie ihn jetzt, wenn nicht bereits im Welpenalter geschehen, an den Doppelpfiff. Lassen Sie ihn dazu anfangs angeleint, bis er den Pfiff verstanden hat. Geben Sie zuerst das verbale Kommando und pfeifen Sie gleich anschließend zweimal hintereinander auf der schmalen Seite der Pfeife.

Vierte Lernstufe (5d): Pfeifen Sie nun den unangeleinten Hund herein. Vergessen Sie nicht, die Übung richtig mit dem Kommando »Fuß« abzuschließen.

Fünfte Lernstufe (5e): Wechseln Sie zwischen verbalem Kommando und Pfiff ab, und üben Sie das Hereinkommen unter immer mehr Ablenkung. Vergrößern Sie allmählich die Entfernung zwischen Ihnen und Ihrem Vierbeiner.

Gutes Benehmen ist auch in öffentlichen Verkehrsmitteln gefragt.

6. Abstoppen auf Entfernung

Mit dieser Übung hat man eine Art Notbremse, wenn sich der Hund auf gefährlichen »Abwegen« befindet. Verwendet wird dafür nur ein Pfeifsignal. Der Hund muß sich auf den Pfiff hin sofort ins »Platz« legen.
Ein Pfiff wirkt vor allem auf größere Entfernungen weitaus durchdringender als ein verbales Kommando.

- Pfeifsignal: Langgezogener Pfiff auf der breiten Seite der Jagdhundedressurpfeife (Trillerpfiff).

Erste Lernstufe (6a): Aus der Grundstellung an Ihrer linken Seite heraus kann der Hund das »Platz« mit verbalem Kommando bereits befolgen. Nun geben Sie ihm das Kommando »Platz« mit anschließendem Pfiff. Üben Sie es anfangs aus der Grundstellung (→ Seite 43) und anschließend aus dem langsamen »Bei-Fuß-Gehen« (→ Seite 45). Kennt der Hund den Pfiff bereits, lassen Sie das verbale Kommando weg. Wichtig ist, daß der Hund schnell die Platzhaltung einnimmt. Falls er sehr langsam reagiert, helfen Sie nach, indem Sie seinen Nacken nach unten drücken.

Zweite Lernstufe (6b): Wenn sich der Hund neben Ihnen auf Pfiff sofort ins »Platz« legt, trainieren Sie das gleiche ohne Leine.

Dritte Lernstufe (6c): Funktioniert auch das, pfeifen Sie den Hund ins »Platz«, wenn er nicht abgelenkt und etwa zwei, drei Meter von Ihnen entfernt ist. Wichtig für diese Übung ist, daß sie ihn leicht erreichen können, wenn er nicht sofort gehorcht.

Vierte Lernstufe (6d): Vergrößern Sie nun allmählich die Entfernung. Wählen Sie aber immer nur dann eine größere Distanz, wenn sich der Hund auf eine geringere Entfernung zuverlässig sofort niederlegt. Nur wenn der Hund diese Übung voll beherrscht, ist auch gewährleistet, daß er sich im Ernstfall stoppen läßt.

Fünfte Lernstufe (6e): Mit zunehmendem Können pfeifen Sie ihn auch dann ab, wenn er gerade abgelenkt ist.
Bei Hunden mit geringem Temperament oder geringem Jagd- und Hetztrieb reicht es aus, sie darauf zu trainieren, sich beim Hören des Trillers sofort zu setzen.

Der Hund als Freizeitpartner

Viele Hundehalter sind gleichzeitig begeisterte Freizeitsportler. Vor allem zum Radfahren und Joggen soll auch oft der Hund mit von der Partie sein.

Hinweis: Nicht alle Hunderassen sind für diese sportlichen Beanspruchungen geeignet. Informieren Sie sich in jedem Fall vor der Anschaffung des Hundes (→ Seite 56).

Als Begleiter neben dem Rad: Ein gesund aufgewachsener Hund kann ab etwa sechs Monaten langsam an das Laufen am Rad gewöhnt werden. Anfangs nur wenige Minuten.
Am Rad läuft der Hund grundsätzlich rechts, also zwischen Straßenrand und Fahrrad. Man verwendet dafür auch ein extra Kommando, etwa »rechts« oder »Rad«. Es muß sich deutlich von »bei Fuß« unterscheiden.
Zuerst schiebt man das Fahrrad, während man den Hund an der Leine am Rad führt. Das Rad befindet sich dabei zwischen Ihnen und dem Hund. Das Halsband wird jetzt andersherum als bei der Leinenführigkeit angelegt, also der Ring des Halsbandes sitzt auf der linken Halsseite des Hundes (Hund muß rechts vom Rad laufen). Genau wie übrigens auch beim »Gehen bei Fuß« darf der Hund, wenn er angeleint oder auch frei unter dem Kommando »Rad« steht, unterwegs nicht markieren. Dies wäre eine Mißachtung Ihrer Person, also seines »Oberhundes«.

Da der Hund am liebsten immer mit seiner Familie zusammen sein möchte, ist er auch bei »Herrchens« und »Frauchens« Freizeitaktivitäten gern mit von der Partie. Informieren Sie sich aber vor der Anschaffung eines Rassehundes, ob er für sportliche Beanspruchungen geeignet ist.

Zu den Fotos:
Die Kehrtwendung ist ein Bestandteil der Übung »Leinenführigkeit und Freifolge« (→ Dritte Lernstufe, Seite 46). Diese Übung sieht kompliziert aus, ist aber nach einigem Training recht einfach.
Der Bewegungsablauf soll möglichst flüssig sein.

Abgesehen davon kann es für Sie sehr gefährlich ausgehen, wenn er Sie samt Rad plötzlich in ein Gebüsch zerrt. Wickeln Sie sich deshalb die Leine nie fest um die Hand.

Wenn das Schieben gut klappt, beginnt man, langsam zu fahren. Ähnlich wie bei der Leinenführigkeit (→ Seite 45) zuerst geradeaus, dann Kurven und tempomäßig einmal schneller und dann langsamer. Hält man an, soll sich der Hund ebenfalls sofort setzen. Dies macht er zunächst auf das Kommando »Sitz« hin, später klappt es auch ohne Kommando.

Überfordern Sie Ihren Hund nicht. Beginnen Sie mit kurzen etwa 10minütigen Fahrten, die Sie nur allmählich ausdehnen.

Achten Sie auf das Tempo. Der Hund soll traben, aber nicht galoppieren.

<u>Als Begleiter beim Joggen:</u> Auch das Joggen macht vielen Hunden großen Spaß. Dies ist nichts anderes, als »Bei-Fuß-Gehen« im Laufschritt (→ Seite 46). Im Fachhandel sind mittlerweile spezielle Joggerleinen erhältlich, die man sich um den Bauch bindet. Auch hier gilt: den Hund nicht überfordern, sondern langsam aufbauen (→ Als Begleiter neben dem Rad, Seite 51). In verkehrsarmem Gelände und bei entsprechendem Gehorsam kann man den Hund sowohl beim Radfahren, als auch beim Joggen frei laufen lassen.

Mit dem Hund spazieren gehen

Je gehorsamer der Hund ist, umso mehr Freiheit kann man ihm während des Spaziergangs gewähren.

<u>In Gegenden mit Wildbesatz,</u> sowie in der Brut- und Setzzeit des Wildes darf der Hund nicht in Wiesen oder Felder hineinlaufen. Ein Hund, der nicht zuverlässig gehorcht, wenn er frei läuft, muß in solchen Gegenden an die Leine.

Leine in die rechte Hand nehmen, …

…beim Drehen in die linke Hand nehmen

Streunende Hunde sind auch bei uns durchaus keine Seltenheit. Es gibt Hundebesitzer, die Ihren Hund streunen lassen, um sich den Spaziergang mit ihm zu ersparen. Aber auch, wenn der Hund daheim zu wenig Ansprache oder einen zu starken Sexualtrieb hat, kann er zum Streuner werden.

Ist der Sexualtrieb des Hundes stark ausgeprägt, empfiehlt sich eine Kastration. In den anderen Fällen hilft es, wenn man sich mehr Zeit für den Hund nimmt, sich ausgiebig mit ihm beschäftigt und ihm genügend Zuwendung entgegen bringt.

Streunende Hunde bringen sich und andere leicht in Gefahr. Sie können zum Beispiel schwere Verkehrsunfälle verursachen, werden beim Verfolgen von Wild vom Jäger erschossen oder verhalten sich manchmal unberechenbar gegenüber anderen Hunden und auch Menschen.

... und »Bei Fuß« weiter gehen.

Begegnung mit Artgenossen

Im Grunde ist es sehr gut für den Hund, wenn er während des Spaziergangs mit Ihnen auf Artgenossen trifft (→ Seite 24). Beachten Sie dabei aber folgende Grundregeln:

• Begegnen sich fremde Hunde, die einigermaßen normal veranlagt sind, ist es am besten, sie laufen frei.
So können sie sich eingehend beschnuppern und kennenlernen. Entweder entwickelt sich ein Spiel oder jeder geht seines Weges.

• Sind sich die Hunde unsympathisch, sieht die Situation nicht mehr friedlich aus (→ PRAXIS Hundesprache »Drohverhalten«, Seite 14). Richtig verhalten Sie sich dann, wenn Sie und auch der andere Hundebesitzer in entgegengesetzten Richtungen weitergehen und ihre Hunde rufen.

• Sollte Ihr Hund einmal in eine Rauferei verwickelt werden, greifen Sie nie in das kämpfende Knäuel! Sind die Hunde normal veranlagt, trennen sie sich meist nach kurzer Zeit von selbst. Falls nicht, können die Besitzer versuchen, ihre Hunde zur gleichen Zeit an den Hinterbeinen zu erwischen und sie so zu trennen.

• Ungünstig ist es meist, wenn bei Begegnungen ein Hund angeleint ist und einer nicht. Daraus kann sich leicht eine Rauferei entwickeln. Leinen Sie Ihren Hund auch an, wenn ein angeleinter Hund entgegenkommt.

• Sind bei einer Hundebegegnung beide angeleint, kann eigentlich nichts passieren.
Grundsätzlich gilt aber, fremde Hunde an der Leine nicht zu nahe kommen zu lassen.
Besonders Rüden fühlen sich an der Leine oft »stark«. Außerdem könnten sich die Hunde beim Spielen mit den Leinen verhängen, woraus sich oft leicht eine Rauferei entwickelt.

Trainingsplan für die Begleithunde-Ausbildung

Die einzelnen Trainingsabschnitte sind in dieser Tabelle mit Großbuchstaben gekennzeichnet. Innerhalb der Abschnitte sind Übungen angegeben, die im vorangegangenen Text Schritt für Schritt beschrieben wurden. Die Übungen sind logisch aufeinander aufgebaut und ergeben für den Hund ein abwechslungsreiches Trainingsprogramm.
Die Übungen eines Trainingsabschnittes kann der Hund in etwa ein bis zwei Wochen lernen, je nachdem, wieviel Zeit Sie für seine Ausbildung investieren. Gehen Sie aber immer erst dann zum nächsten Abschnitt über, wenn der Hund alles Vorausgegangene beherrscht. Geübt wird jeweils nicht nur das neue Pensum, sondern auch die vorangegangenen Übungen.
Mein Tip: Zum Üben können sich auch mehrere Hundehalter mit ihren Hunden in kleinen Gruppen treffen (→ Foto, Seite 29).

Abschnitt	Übung	Lernziel
Abschnitt A	1a »Sitz« → Seite 43	Hund lernt, sich auf Kommando zu setzen (Grundstellung: Hund sitzt links).
	2a »Bei Fuß« → Seite 45	Hund geht bei Fuß geradeaus, hält man an, setzt er sich auf Befehl.
	3a »Platz« → Seite 47	Hund lernt, sich aus der Grundstellung ins »Platz« zu legen.
Abschnitt B	1b »Sitz und Bleib« → Seite 44	Hund bleibt angeleint sitzen, während Sie vor ihm stehen. Leine ist nicht verlängert und hängt locker durch.
	2b »Bei Fuß« → Seite 46	Beim »Bei-Fuß-Gehen« bauen sie Stops, Tempoänderungen und Kurven ein.
	3b »Platz und Bleib« → Seite 47	Hund bleibt angeleint im »Platz«, während Sie vor ihm stehen (→1b, Seite 44).
Abschnitt C	1c »Sitz und Bleib« → Seite 44	Hund bleibt angeleint sitzen, während Sie mit einmal verlängerter Leine vor ihm hin und her gehen.
	2c »Bei Fuß« → Seite 46	Beim »Bei-Fuß-Gehen« kommen jetzt noch Kehrtwendungen und Richtungswechsel dazu.
	3c »Platz und Bleib« → Seite 47	Hund bleibt angeleint liegen, während Sie vor ihm hin und her gehen (→1c, Seite 44).
Abschnitt D	1d »Sitz und Bleib« → Seite 45	Hund bleibt angeleint sitzen, während Sie ihn mit maximal verlängerter Leine umkreisen.
	2d »Bei Fuß« → Seite 47	Nun üben Sie die Leinenführigkeit in belebterer Umgebung.
	3d »Platz und Bleib« → Seite 48	Hund bleibt angeleint liegen, während sie ihn mit maximal verlängerter Leine umkreisen.
Abschnitt E	1e »Sitz und Bleib« → Seite 45	Hund bleibt angeleint sitzen, die Leine liegt auf dem Boden, während Sie den Hund umkreisen.

Abschnitt	Übung	Lernziel
	3e »Platz und Bleib« → Seite 48	Verfahren Sie hier wie bei 1e (→ Seite 45), nur daß der Hund im »Platz« liegt.
	5a »Hier« → Seite 50	Hund sitzt angeleint in maximaler Leinenlänge entfernt vor Ihnen. Auf Kommando kommt er zu Ihnen und setzt sich vor Sie. Auf das Kommando »Fuß« geht er um Sie herum und setzt sich an Ihre linke Seite.
Abschnitt F	1f »Sitz und Bleib« → Seite 45	Hund bleibt ohne Leine und mit Ablenkung alleine sitzen. Sie bleiben in Sichtweite.
	2e »Bei Fuß« (Freifolge) → Seite 47	Hund lernt, ohne Leine bei Fuß zu gehen.
	3f »Platz und Bleib« → Seite 48	Hund bleibt ohne Leine und mit Ablenkung liegen. Sie bleiben in Sichtweite.
Abschnitt G	6a »Platz« (auf Pfiff) → Seite 51	Hund lernt, sich angeleint aus der Grundstellung und aus dem langsamen Bei-Fuß-Gehen auf den Pfiff sofort abzulegen.
	4a »Platz und Bleib« (teilweise außer Sicht) → Seite 48	Legen Sie den Hund in der Wohnung ab und gehen Sie umher, so daß er Sie manchmal sieht und manchmal nicht.
	5b »Hier« (angeleint) → Seite 50	Machen Sie diese Übung genau so, wie bei Abschnitt E/5a beschrieben, Hund ist jedoch nicht angeleint.
Abschnitt H	6b »Platz« (auf Pfiff) → Seite 51	Hund wird aus der Freifolge mit Pfiff abgelegt.
	4b »Platz und Bleib« (außer Sicht) → Seite 48	Hund lernt, kurze Zeit allein liegen zu bleiben, ohne daß er Sie sieht.
	5c »Hier« (mit Doppelpfiff) → Seite 50	Hund lernt, angeleint auf den Doppelpfiff zu Ihnen zu kommen.
Abschnitt I	6c »Platz« (auf Pfiff) → Seite 51	Hund legt sich auf Pfiff ins »Platz«, wenn er sich wenige Meter von Ihnen entfernt befindet.
	4c »Platz und Bleib« (außer Sicht) → Seite 49	Hund lernt, allmählich bis zu 10 Minuten liegen zu bleiben, ohne daß er Sie sieht.
	5d »Hier« (mit Doppelpfiff) → Seite 50	Hund kommt auch unangeleint auf Pfiff sofort.
Abschnitt J	6d »Platz« (auf Pfiff) → Seite 51	Das Abstoppen des Hundes wird nun mit immer größeren Entfernungen trainiert.
	4d »Platz und Bleib« (außer Sicht) → Seite 49	Der Hund wird unter Ablenkung außer Sicht abgelegt.
	6e »Platz« (auf Pfiff) → Seite 51	Hund wird in verschiedenen Entfernungen ins »Platz« gepfiffen, wenn Ablenkung vorhanden ist.

Hunderassen und ihre Besonderheiten

Bei der Wahl der Rasse sollte man sehr sorgfältig vorgehen und sich genau über die jeweiligen Bedürfnisse und Eigenheiten der einzelnen Rassen informieren. Ebenso wichtig ist es, sich selbst darüber klar zu sein, welche Anforderungen man an den Hund stellt.

Wer sich einen Hund anschaffen will, der hat die Qual der Wahl unter fast 400 Rassen (→ Seite 4).
Die Hunderassen kann man in etwa folgende Gruppen einteilen: Gebrauchshunde, Jagdhunde, Windhunde, Terrier und Gesellschaftshunde.
Innerhalb jeder dieser Gruppen gibt es Rassen, die unterschiedliche Eigenschaften und Ansprüche haben. Viele sind als Familienhunde und für Ersthundebesitzer geeignet. Andere wieder sind auch heute noch hauptsächlich als Arbeitshunde in Einsatz, wie beispielsweise manche Jagd- oder Hütehunde. Solche Rassen sind ohne entsprechende Beschäftigung oft nicht einfach zu halten. Durch mangelnde Beschäftigung wiederum kann ein Triebstau entstehen, der sich dann unter Umständen durch Verhaltensauffälligkeiten äußert. Manche Hunderassen sind wegen ihrer Wesenseigenschaften nicht für »Hundeanfänger« geeignet, sondern brauchen hundeerfahrene Besitzer.
An dieser Stelle möchte ich Sie auf einige Besonderheiten der verschiedenen Rassen hinweisen.

Die Gebrauchshunde
Alle Rassen, die zu den Gebrauchshunden zählen, sind für einen bestimmten Verwendungszweck gezüchtet worden. So gibt es zum Beispiel Hütehunde, die die Aufgabe haben, die Viehherde zu bewachen wie etwa der Berner Sennenhund. Es gibt typische Wach- und Schutzhunde wie der Deutsche Schäferhund oder Schlittenhunde wie die Huskys.

Zum Teil eignen sich Gebrauchshunderassen durchaus auch als ausgesprochene Familienhunde. Andere Rassen aus dieser Gruppe können nur artgerecht gehalten werden, wenn sie richtig arbeiten dürfen.
Als Familienhund geeignet sind zum Beispiel der Berner Sennenhund oder auch der Bearded Collie.
Bedenklich dagegen, besonders für Ersthundebesitzer, sind Rassen, die in erster Linie für die Schutzhundeausbildung gezüchtet werden. Dazu gehören beispielsweise Rottweiler, Dobermann und der Deutsche Schäferhund. Sie verfügen von Natur aus über ein gewisses, manchmal auch übersteigertes Potential an Kampf- und Schutztrieb.
Zunehmend in Mode kommt derzeit der Border Collie, der häufig als idealer Familienhund angepriesen wird. Doch tatsächlich ist der Border Collie ein Arbeitshund »par excellence«, vermutlich der beste Hütehund überhaupt (→ Foto, rechts). Er ist als Familienhund meist nicht ausgelastet. Die Folge können Verhaltensstörungen bis hin zur Aggressivität sein.
Das gleiche gilt auch für den Sibirischen Husky. Er fühlt sich am wohlsten in einer Meute mit seinesgleichen vor einem Hundeschlitten.

Die Jagdhunde
Sie bilden eine große Gruppe. Zu diesen Rassen gehören zum Beispiel Dackel, Retriever oder Spaniels und Terrier. Es sind im allgemeinen freundliche Hunde, denn sie wurden nicht gezielt für Wach- und Schutzzwecke, sondern als

Der Border Collie, ein exzellenter Hütehund, bei der Arbeit.

Gehilfen des Jägers gezüchtet. Außerdem sind die Jagdhunderassen meist recht lernbegierig und intelligent, da von ihnen größtenteils selbständiges Arbeiten gefordert wird.

Darüber hinaus haben die meisten Jagdhunderassen ein großes Bewegungsbedürfnis.

Auch unter den Jagdhunden gibt es Rassen, die sich mehr als Familienhunde eignen und solche, die nur bei einem Jäger ein glückliches Leben führen können. Ausreichend Beschäftigung brauchen jedoch auch die »Familienjagdhunde«.

Als Familienhunde eignen sich zum Beispiel Dackel, Cockerspaniel, Retriever, aber auch die Setter. Die meisten Jagdhunde haben einen mehr oder weniger stark ausgeprägten Jagdtrieb und sollten deshalb einen sehr guten Gehorsam haben, damit sie in Wald und Feld nicht nur an der Leine gehen müssen.

Unbedingt jagdliche Aufgaben brauchen dagegen Rassen wie zum Beispiel Weimaraner, Gebirgsschweißhund, die Bracken oder der Wachtelhund und viele andere.

Die Windhunde

Windhunde sind eigentlich Jagdhunde. Sie jagen allerdings nicht mit der Nase, sondern auf Sicht. Diese Hunde haben ein enormes Bewegungsbedürfnis und sind deshalb als gewöhnliche Familienhunde kaum artgerecht zu halten.

Außerdem unterscheiden sich Windhunde vom Wesen her deutlich von anderen Rassen.

Sie sind eher zurückhaltend und reserviert und lassen sich nicht in der Weise ausbilden, wie man es etwa mit einem Jagd- oder Gebrauchshund machen kann.

Als Familienhund eignen sich am ehesten das italienische Windspiel oder der Pharaonenhund. Auch der irische Wolfshund sowie der schottische Deerhound kommen in Frage, vorausgesetzt, man kann ihnen genügend Auslauf gewähren.
Nicht als Familienhund zu empfehlen sind dagegen »Rennmaschinen« wie etwa der Greyhound. Er fühlt sich auf der Windhundrennbahn am wohlsten.

Die Terrier
Diese Gruppe umfaßt allein etwa 28 verschiedene Rassen. Die meisten der Terrierrassen wurden ursprünglich als sogenannte Erdhunde (lat. *terra* = Erde) zur Baujagd auf Fuchs und Dachs verwendet. Deshalb sind sie alle mehr oder weniger kämpferisch, mutig, temperamentvoll und sehr wachsam.
Heute werden die meisten Terrier nur noch als Begleithunde gehalten. Lediglich den Deutschen Jagdterrier und den Glatthaarfoxterrier sieht man noch relativ häufig im Einsatz als Jagdhund. Auch unter den Terriern gibt es solche, die einfacher zu halten sind, und solche, die sich nicht für den Hundeanfänger eignen.
Gute Begleit- und Familienhunde sind beispielsweise der Skye Terrier oder der Boston Terrier sowie der Dandie Dinmont Terrier, um nur einige zu nennen. Zu den bekanntesten Terriern zählen sicher der Yorkshire- und der West Highland White Terrier. Beiden Rassen haftet völlig zu Unrecht der Ruf an, ausgesprochene Schoßhunde zu sein. Sie haben alle beide die typischen charakteristischen Terriereigenschaften und sind alles andere als Schoßhunde. Besonders beim West Highland White Terrier, der ja ein richtiger Modehund geworden ist, treten leider zunehmend Probleme durch aggressives Verhalten auf.

Nicht als Familienhunde geeignet – vor allem für Unerfahrene in der Hundehaltung – sind die Bullterrierschläge.

Die Gesellschaftshunde
Diese Gruppe umfaßt alle Rassen, die entweder von jeher oder schon sehr lange ausschließlich als Begleithunde gehalten wurden. Ein bekannter Vertreter dieser Rassengruppe ist zum Beispiel der Dalmatiner. Er ist sehr gut als Familienhund geeignet, braucht aber viel Bewegung.
Weitere Rassen, die sich hervorragend als Begleit- und Familienhunde eignen sind: der bekannte Pudel in seinen vier Größen, sowie der Kromfohrländer und auch der Cavalier King Charles Spaniel. Zu den Gesellschaftshunden können auch die meisten Klein- und Zwerghunderassen gerechnet werden. Besonderes Merkmal dieser Hunderassen sind ihre großen, runden Köpfe, die sie immer welpenhaft erscheinen lassen. Deshalb werden sie gern als Schoßhunde gehalten. Für die betroffenen Hunderassen bringt ihr Aussehen aber oft große Nachteile mit sich.
Häufig können Hündinnen nicht mehr normal werfen, sondern müssen durch Kaiserschnitt von ihren Welpen entbunden werden, da deren Köpfe viel zu groß sind.
Auch einige »Qualzüchtungen« gehören zur Gruppe der Begleithunde. Das sind zum Beispiel die Englischen Bulldoggen, die kaum mehr richtig laufen, geschweige denn atmen können. Mops und Französische Bulldoggen haben ähnliche Probleme. Ob Sie sich eine dieser Rassen anschaffen, sollten Sie sich genau überlegen.

Hunde und Kinder

Der größte Herzenswunsch eines Kindes ist häufig ein Hund. Längst ist wissenschaftlich erwiesen, daß sich ein Hund positiv auf die Entwicklung des Kindes auswirken kann. Sein Verantwortungsgefühl und Pflichtbewußtsein wird geschult. Das Kind nutzt den Hund als Vertrauten und es hat einen Spielkameraden.

Doch bis es zu den positiven Einwirkungen kommt, die ein Hund auf ein Kind haben kann, ist es ein weiter Weg. Voraussetzung dafür ist zunächst einmal, daß der Hund die Chance bekommt, sich gut zu entwickeln. Hier sind die Erwachsenen in der Familie gefordert.

Der Hund braucht regelmäßig Futter, Zuwendung, Pflege, Beschäftigung und eine Erziehung. Die Zeit dafür muß ein Erwachsener aufbringen. Das Kind ist mit der Einhaltung eines solchen »Arbeitspensums« überfordert.

<u>Schon bei der Auswahl der Hunderasse</u> sollten Eltern überlegt vorgehen. Im allgemeinen kann man sagen, daß Hunderassen, die über eine hohe Reizschwelle verfügen, also nicht leicht zu aggressivem Verhalten neigen, für Kinder geeigneter sind als andere Rassen. Die Verhaltensforschung geht allerdings davon aus, daß kinderfreundliches Verhalten weniger eine Frage der Rasse als vielmehr eine Frage der individuellen Veranlagung ist.

Nicht geeignet, besonders für kleinere Kinder, sind kleine Hunderassen. Sie können sich schneller durch eine etwas unsanftere Behandlung bedroht fühlen als größere Rassen und dann entsprechend reagieren.

<u>Den Umgang zwischen Hund und Kind</u> sollten Eltern genau beobachten. Natürlich muß ein Kind lernen, wie man einen Hund richtig behandelt und daß ein Hund kein Spielzeug ist.

Aber es läßt sich nicht vermeiden, daß besonders Kleinkinder einem Hund versehentlich auf eine Pfote oder auf den Schwanz treten, oder sich etwas unsanft im Fell oder am Ohr festhalten. Ein »Kinderhund« sollte so robust und tolerant sein, daß er in solchen Situationen gelassen bleibt und nicht panisch oder gar aggressiv reagiert.

<u>Keinen Welpen anschaffen</u> sollte man meiner Meinung nach, wenn in der Familie ein Kind ist, das jünger als drei, vier Jahre ist.

Welpen spielen sehr ausgelassen und setzen dabei auch ihre äußerst spitzen Zähnchen ein. Sie springen außerdem gerne an Menschen hoch. Die meisten Kleinkinder bekommen dann Angst vor dem Hund.

Eines sollte man immer beachten: Auch der kinderfreundlichste Hund ist keine Maschine. Lassen Sie deshalb nie ein kleines Kind mit einem Hund alleine.

Ein für die Jagd ausgebildeter Wachtelhund apportiert zuverlässig geschossenes Wild.

Sachregister

Die **halbfett** gesetzten Seitenzahlen verweisen auf Farbfotos und Zeichnungen. U = Umschlagseite

Ablegen 5, 9, **37**, 38, **44**, 47
– außer Sicht 48
Abstammung 11
Abstoppen auf Entfernung 50
Abwehrdrohen 14
Agility 10
Akustische Signale 18
Alleinebleiben 39
Alpha-Tiere 11
Analkontakt **13**
Angriffsbereitschaft 14
Angriffsdrohen 14
Aufreiten 15
Auslese
–, künstliche 12
–, natürliche 12
Auswahl
– des Hundes 4
– des Welpen 6
Autofahren **8**, 26, 40, **46**

Bedingte Appetenz 18
Bedingte Aversion 18
Bedingte Hemmung 18
Begegnung mit Artgenossen 53
Begleithundeausbildung 10, 43
Begleithundetraining 32, 43
Beißhemmung 22, 27
Bellen 14, 15
Bindung 4, 23
Busfahren **50**

Caniden 11
Canis
– aureus 11
– latrans 11
– lupus 11

Domestikation 12
Drohverhalten 14

Eingewöhnung des Welpen 26

Erziehungsausrüstung 31
Erziehungsregeln 28

Fahrradtraining **33**, 51
Freifolge 9, 45
Futter 26
-umstellung 26

Gebrauchshunde 24, 56
Geruchliche Informationen 11
Geruchliche Signale 17, 18
Geschicklichkeitssportart 10
Gesellschaftshunde 58
Gesicht lecken 15
Gewöhnen
– an die Leine 34
– an das Halsband 34
Goldschakal 11
Grundausbildung 10
Grundstellung 43, **44**, 51

Halsband 31
– anlegen 34, **43**
–, Stachel- 31
Handzeichen 10, 32
Haustierwerdung 12
Heimtransport 26
Hereinkommen 37, **39**, **41**, 49
Heulen 15
Hund
– aus dem Tierheim 7
–, entspannter 15
–, unsicherer 15
Hunde
– als Freizeitpartner 51
-artige 11
-begegnung **13**, **25**, 53, **U3**
-haltung artgerecht 4
-häufchen 42
-rassen 4
-sprache 14, 17
–, streunende 52
Hüten **57**, **62**

Imponieren 14
Imponierscharren 14
Imponierverhalten 14, **15**

Jagdhunde 56, **59**
Jagdhundedressurpfeife 31, 32, 37, 38
Jagdstrategie 12
Jaulen 15
Joggingtraining 52

Kehrtwendung 46, **52**
Kindchenschema 8
Kinder und Hunde 27, 58
Kinderstube der Wölfe 12
Klassische Konditionierung 18
Kleinhunde 4
Knurren 14, 15
Kojote 11
Kommandos 30
»Bei Fuß« 9, 35, 44, 45, **45**, 46, 54, 55
»Bleib und Fuß« 54
»Fuß« 35, 45, 46, 49, 50
»Hier« 37, **39**, 49, 50, 54, 55
– mit Doppelpfiff 55
»Platz« 9, **37**, 38, **44**, 47, 54, 55
– auf Pfiff 55
»Platz und Bleib« 48, **49**, 54, 55
– außer Sicht 55
»Sitz« 9, 32, 35, 36, 37, 43, 45, 47, 48, 54
»Sitz und Bleib« 43, **48**, 54
Kommen auf Zuruf 9
Kontakt mit Artgenossen 24, **25**, **U3**
Körperhaltung 12

Laute 11, 12
Lautsprache 15

Lebensweise der Wölfe 11
Leine 31
– anlegen 34, **35**
Leinenführigkeit 9, 35, **36**, 45, **45**
Lernbereitschaft 32
Lernfähigkeit 32
Lernformen 18
Lernziele des Welpen 8
Loben 28, 29, 34

Markieren 11, 15
Milchtritt 15
Mimik 12, 14, 17
Mischling 4, 7, 10
Mißverständnisse zwischen Hund und Mensch 19

Name lernen 34

Olfaktorische Signale 17
Operantes Lernen 18
Optische Signale 11, 17

Pfeifsignal 10, 32
Pfötchengeben **U2**, 15
Pföteln 15, **U2**
Positive Konditionierung 34, 43
Prägungsphase 20
Prägungsspieltage 22
Pubertät 25

Qualzüchtungen 58

Rangordnung 11, 13
Rangposition 12
Rassehund 4
Rudel 8, 13, 21, 39
-führer 10, 16, 17, 23
-verband 11, 16
Ruhephase 27, **27**, 39

Schlafplatz 26, **26**
Schreien 14, 15
Signale

Aus Liebe und Verantwortung

Heimtiere machen nicht nur Kindern, sondern der ganzen Familie viel Freude. Und ob Hund, Hamster oder Wellensittich – wer sich einmal an den kleinen Liebling gewöhnt hat, möchte ihn nicht mehr missen. Deshalb ist es wichtig, über die Bedürfnisse der Tiere wirklich Bescheid zu wissen. Die **GU Tier-Ratgeber** – von anerkannten Autoren geschrieben – sind ideal als Helfer bei der artgerechten Haltung mit Herz und Verstand. GU Ratgeber gibt es zu allen beliebten Tierarten. Sie sind auch für Kinder geeignet, die ihr Tier selbst versorgen wollen.

34,80 DM/272,-öS/34,80 sFr.

12,80 DM/100,-öS/12,80 sFr.

14,80 DM/116,-öS/14,80 sFr.

12,80 DM/100,-öS/12,80 sFr.

12,80 DM/100,-öS/12,80 sFr.

Änderungen und Irrtum vorbehalten.

Mehr draus machen. Mit GU.

–, akustische 18
–, geruchliche 17
–, optische 11, 17
Sitzen 35, **36**, **38**, 43
Soziales Grüßen 15
Sozialisierungsphase 20, 22
Sozialkontakt **23**
Sozialverhalten 11, 17, 20
Spaziergänge 27, 52
Spezialausbildung 6, 40, **40**
Spiel
-aufforderung **2**
-verhalten 14
-zeug 26, **26**
Spielen 20, 22, **22**, 27, **42**
Sprache des Hundes 14, 17
Stammvater des Hundes 11
Stubenreinheit 8, 34

Tadeln 21, 28, 29, 34, 40, **U4**
Terrier 58
Tragen des Welpen **27**
Trainingspensum 34, 43

Trainingsplan für die Begleithundausbildung 54
Transport nach Hause 26

Übungen
– Ablegen **5**, 9, **37**, 38, **44**, 47
– Ablegen außer Sicht 48
– Kommen auf Zuruf 9
– Unarten 8, 41
– Betteln **7**, 41, 42
– Hochspringen am Menschen **7**, 41
– Teppich kauen **6**
Unterordnen 24
Unterwerfung
–, aktive 15
–, passive 15
Unterwürfigkeit 15

Verhalten in öffentlichen Verkehrsmitteln **50**
Verhaltensstörungen 16
Verhaltensweisen **10**, **22**, **23**, **24**
– Buddeln **17**
– Drohmimik **14**
– entspannter Hund **16**

– Imponieren **15**
– Nasenstupsen **10**
– Spielen **24**
– Spielgesicht **14**
Vermenschlichung 13, 19
Verständigung
–, geruchliche 15
–, olfaktorische 15
– untereinander 11
Verständigungsprobleme 17
Vertrauensverhältnis fördern 23
Vertrautmachen mit Umweltbedingungen 24

Warten **5**, **9**
Welpen
–, Entwicklungsphasen des 20
-training 8, 32, 34
Wildhunde 19
Wildtier 12, 18
Windhunde 57
Winseln 15
Wolf 11, **11**, 19

Züchter 6, 20, 26
Zwingerhaltung 19

Adressen

Hundeverbände

Fédération Cynologique Internationale (FCI), 13 Place Albert I, B-6530 Thuin/Belgien
Verband für das Deutsche Hundewesen e.V. (VDH), Postfach 104 154, D-44041 Dortmund, Tel. 02 31 / 56 50 00
Österreichischer Kynologenverband (ÖKV), Johann-Teufel-Gasse 8, A-1238 Wien, Tel. 00 43 / 1 / 88 70 92
Schweizerische Kynologische Gesellschaft (SKG/SCS), Länggaßstr. 8, CH-3001 Bern, Tel. 00 41 / 31 / 30 15 8 19
Die Anschriften von Hundeclubs und -vereinen können Sie bei den vorgenannten Verbänden erfragen.

Hundeausbildungskurse

Der folgende Verein führt in verschiedenen Gebieten Deutschlands wissenschaftlich fundierte Welpenspieltage und Erziehungskurse mit den dazugehörigen Vorträgen durch: Komitee gegen Leinenzwang und Tierfeindlichkeit e.V.
Schirmherrin: Dr. Dorit Feddersen-Petersen, Organisation für artgemäße Hundehaltung, 1. Vors.: Astrid Ebenhoch, Kurfürstenplatz 6, D-80796 München
Tel.: 089 / 34 97 14

Haftpflichtversicherung

Fast alle Versicherungen bieten auch Haftpflichtversicherungen für Hunde an.

Ein richtig erzogener Hund akzeptiert auch andere Heimtiere als Mitglieder »seines Rudels«. Oft entwickeln sich sogar regelrechte Freundschaften.

Krankenversicherung für den Hund
Uelzener Allgemeine Versicherungsgesellschaft AG, Postfach 2163, 29511 Uelzen

Fragen zur Hundehaltung beantworten
Ihr Zoofachhändler oder der Zentralverband Zoologischer Fachbetriebe Deutschlands e.V. D-63225 Langen (nur telefonische Auskunft möglich) Tel. 06103/910732

Registrierung von Hunden
Haustier-Zentralregister für die BRD e.V. TASSO, Postfach 1423, D-65783 Hattersheim, Tel. 06190/4088

Wer seinen Hund vor Tierfängern und dem Tod im Versuchslabor schützen will, kann ihn hier registrieren lassen. Die Eintragung sowie die computergesteuerte Suche bei Vermißtenmeldung sind kostenlos.

Zeitschriften, die weiterhelfen
Unser Rassehund. Herausgeber: Verband für das Deutsche Hundewesen e.V. (VDH), Dortmund.
Das Tier. Brunnenwiesenstr. 23, 73760 Ostfildern

Bücher, die weiterhelfen
(falls nicht im Buchhandel, dann in Bibliotheken erhältlich)
Feddersen-Petersen, Dorit: *Hundepsychologie*. Franckh-Kosmos, Stuttgart 1986
Klever, Ulrich: *Hunde*, Gräfe und Unzer Verlag, München.
Trumler, Eberhard: *Mit dem Hund auf Du.* Piper Verlag, München.
Weidt, Heinz: *Der Hund, mit dem wir leben: Wesen und Verhalten.* Parey Verlag, Hamburg/Berlin.
Zimen, Erik: *Der Wolf.* Meyster Verlag, Wien/München.

Die Autorin
Katharina Schlegl-Kofler beschäftigt sich seit Jahren mit artgerechter Hundehaltung und -erziehung. Sie hält seit vielen Jahren Retriever und hat ein Buch über diese Hunderasse verfaßt. Seit 15 Jahren führt sie Erziehungskurse für Hunde aller Rassen durch.

Die Fotografin
Christine Steimer arbeitet seit 1985 als freie Fotografin. Sie hat sich 1989 auf Tierfotografie spezialisiert und ist seitdem für die Zeitschrift »Das Tier« tätig

Die Zeichnerin
Renate Holzner arbeitet als freie Illustratorin in Regensburg. Ihr breites Repertoire reicht von Strichzeichnungen über fotorealistische Illustrationen bis hin zur Computergrafik.

Wichtige Hinweise
In diesem Buch geht es um die Erziehung von Hunden. Autorin und Verlag halten es für wichtig, darauf hinzuweisen, daß sich die Regeln dieses Ratgebers in erster Linie auf normal entwickelte Jungtiere aus guter Zucht beziehen, also auf gesunde, charakterlich einwandfreie Tiere. Wer einen erwachsenen Hund zu sich nimmt, muß sich bewußt sein, daß dieser bereits wesentliche Prägungen durch den Menschen erfahren hat. Er sollte den Hund besonders genau beobachten, auch in seinem Verhalten zum Menschen; er sollte sich auch den bisherigen Besitzer ansehen. Ist der Hund aus einem Tierheim, so kann dieses über die Herkunft des Hundes und seine Eigenheiten eventuell Auskunft geben.
Es gibt Hunde, die aufgrund schlechter Erfahrungen mit Menschen in ihrem Verhalten auffällig sind, vielleicht auch zum Beißen neigen. Diese Hunde sollten nur von erfahrenen Hundehaltern aufgenommen werden. Auch bei gutgezogenen und sorgfältig beaufsichtigten Hunden besteht die Möglichkeit, daß Schäden an fremdem Eigentum anrichten oder gar Unfälle verursachen. Ein ausreichender Versicherungsschutz liegt im Eigeninteresse; der Abschluß einer Hundehaftpflicht-Versicherung ist in jedem Fall dringend zu empfehlen.

Dank
Autorin und Verlag danken Frau Dr. Dorit Feddersen-Petersen und Frau Astrid Ebenhoch für die freundliche Foto-Genehmigung in den Ausbildungsgruppen des Komitees gegen Leinenzwang und Tierfeindlichkeit e.V.

Die Fotos auf dem Buchumschlag
Umschlagvorderseite: Die moderne Hunde-Erziehung basiert auf sanften Erziehungsmethoden.
Umschlagrückseite: Eine artgerechte Form des Tadelns (→ Seite 28).

© 1995 Gräfe und Unzer Verlag GmbH, München
Alle Rechte vorbehalten. Nachdruck, auch auszugsweise, sowie Verbreitung durch Film, Funk und Fernsehen, durch fotomechanische Wiedergabe, Tonträger und Datenverarbeitungssysteme jeder Art nur mit schriftlicher Genehmigung des Verlages.

Redaktion: Anita Zellner, Gabriele Linke-Grün
Herstellung: Monika Pamp
Umschlaggestaltung: Heinz Kraxenberger
Zeichnungen: Renate Holzner
Satz und s/w-Lithos: Schröter, München
Farblithos: Penta, München
Druck und Bindung: Stürtz, Würzburg

ISBN 3-7742-2189-8

Auflage 4. 3. 2. 1.
Jahr 98 97 96 95

Was auf diesem Foto sehr einfach aussieht, ist das Ergebnis eines langen, regelmäßigen Trainings.
Drei Hunde bei einer gemeinsamen »Bleib«-Übung. Konzentriert achten sie auf die Anweisungen des Ausbilders.